COMO SE LIVRAR DE UM RELACIONAMENTO ORDINÁRIO

TIA MÁ
MAÍRA AZEVEDO

COMO SE LIVRAR DE UM RELACIONAMENTO ORDINÁRIO

PREFÁCIO
Maju Coutinho

AGIR

Copyright © 2020 by Maíra Azevedo

Direitos de edição da obra em língua portuguesa no Brasil adquiridos pela Agir, selo da EDITORA NOVA FRONTEIRA PARTICIPAÇÕES S.A. Todos os direitos reservados. Nenhuma parte desta obra pode ser apropriada e estocada em sistema de banco de dados ou processo similar, em qualquer forma ou meio, seja eletrônico, de fotocópia, gravação etc., sem a permissão do detentor do copirraite.

EDITORA NOVA FRONTEIRA PARTICIPAÇÕES S.A.
Rua Candelária, 60 – 7º andar – Centro – 20091-020
Rio de Janeiro – RJ – Brasil
Tel.: (21) 3882-8200

CIP-BRASIL. CATALOGAÇÃO NA PUBLICAÇÃO
SINDICATO NACIONAL DOS EDITORES DE LIVROS, RJ

A988c

Azevedo, Maíra
  Como se livrar de um relacionamento ordinário / Maíra Azevedo. - 1. ed. - Rio de Janeiro : Agir, 2020.
  144 p. ; 23 cm.

  ISBN 9788522006953

  1. Casamento. 2. Casais - Aspectos psicológicos. 3. Relação homem-mulher -Aspectos psicológicos. 4. Feminismo. 5. Mulheres - Psicologia. I. Título.

CDD: 306.8
CDU: 392.6

Vanessa Mafra Xavier Salgado - Bibliotecária - CRB-7/6644

SUMÁRIO

7   Prefácio

12   Tia tá falando (Mas pode chamar de Nota Introdutória)

15   Escola de princesas da Tia Má (Ou pode chamar de Apresentação)

21   Eles me ensinaram a querer mais (Ou pode chamar de Dedicatória)

44   Autoestima na prática

60   Saia dessa, Binha!

74   Você não é pombo para viver de migalhas

84   Relação abusiva: Se te causa dor, não é amor

113   A hora de dar "tchau"

129   Mas também chega a hora de começar de novo

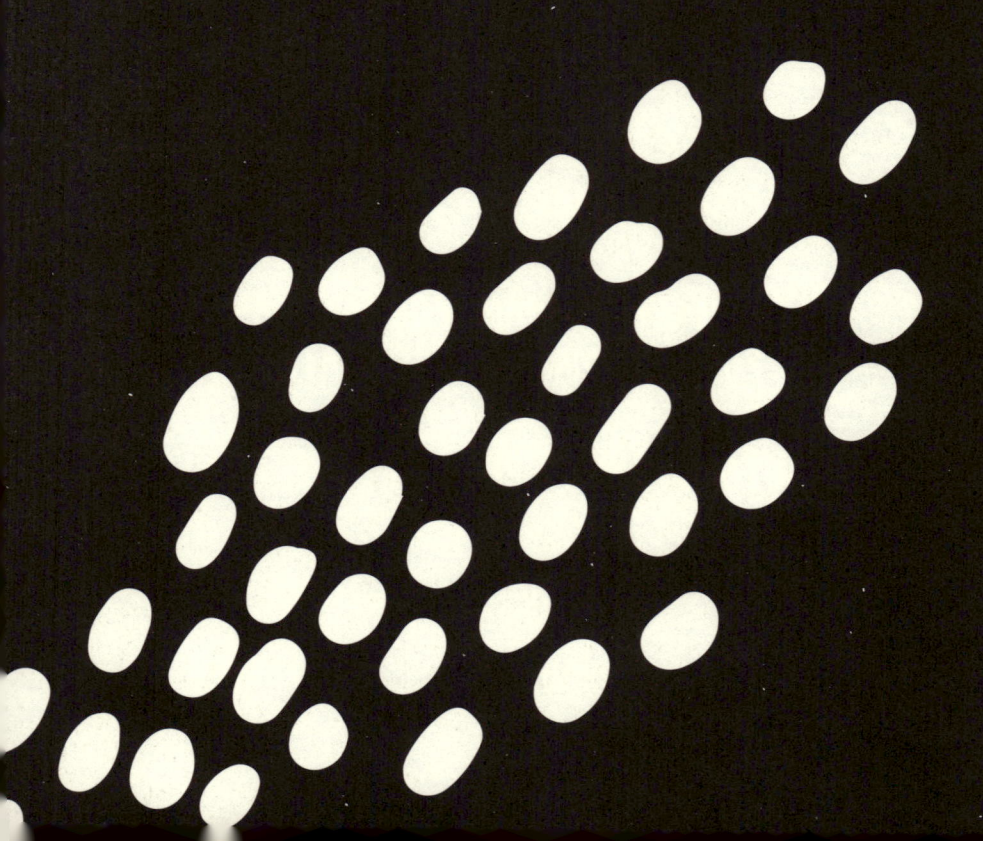

PREFÁCIO

DE MÁ ELA NÃO TEM NADA. A jornalista e humorista Maíra Azevedo, a Tia Má, é generosa e verdadeira. Nesta era em que a vida parece ser editada e apenas o lado perfeito, lindo e fofo das relações é exibido em redes sociais, somente uma pessoa com generosidade e verdade na veia é capaz de abrir o coração e o jogo para dividir com o público os relacionamentos ordinários que lhe tiraram o chão e o sono, muitos deles quase chegando ao limite do abuso. Tia Má dedica o livro a A., R., J.R., F., D., G., H., homens com quem se relacionou e aprendeu que há amores (ou seria melhor dizer "desamores"?) que te deixam física e emocionalmente doente; que ficar só pode ser uma maneira bem digna de se viver; que é preciso ficar esperta com aquele que te pede ajuda financeira.

Tia Má convida todas as pessoas que se identificam com o lado feminino das relações, mais sujeito à opressão e ao preconceito, sejam elas hétero, homo, trans, homem ou mulher, a tirar o sapatinho e botar os dois pés no chão para fugir de relações abusivas. E alerta: agressão vai além do tapa, do puxão de orelha, do empurrão; existe também o espancamento emocional. Se o seu parceiro é ciumento demais, está sempre estressado, aponta seus defeitos com frequência, se descontrola à toa e controla desde o decote da sua blusa até a cor do seu batom, é grande a chance de você estar vivendo uma relação abusiva.

A maneira mais eficaz de combater o que Tia Má chama de *serial killers* afetivos é fortalecer a autoestima feminina e, desse modo, reprogramar mentes que cresceram acreditando que só a chegada de um príncipe pode fazer a vida andar para frente. Para tanto é preciso pedir ajuda e, muitas vezes, a mão de amigos e familiares não é suficiente: é necessário contar com especialistas, como um psicólogo. E Tia Má não deixa brecha para desculpas esfarrapadas: "não vale dizer que não tem dinheiro para isso. Tem um monte de profissionais que fazem atendimento psicológico gratuito ou a preços populares. Tia te ama! Procure ajuda."

E assim, com pitadas de carinho, ao se dirigir à leitora empregando vocativos como Bê, Binha, minha filha, minha amiga, e uma boa dose de sarcasmo, ao chamar seu opressor de peste, ordinário, canalha, Zé Ruela (o livro traz até umas linhas em branco para a leitora escrever os xingamentos que quiser para desabafar), Tia Má vai mostrando que amor não tem nada a ver com dor e que, apesar de não existir relação perfeita, é preciso haver uma base de confiança e amizade para que dificuldades habituais sejam superadas.

Então Bê, Binha, minha amiga, minha filha, tira o sapatinho, bota os pés numa poltrona bem confortável e leia numa sentada só *Como se livrar de um relacionamento ordinário*.

Maju Coutinho
Jornalista e apresentadora do *Jornal Hoje*
e do *Jornal Nacional*, ambos na Rede Globo.

Tira o SAPATINHO

e bota o PÉ NO CHÃO!

TIA TÁ FALANDO!

(Mas pode chamar de Nota Introdutória)

ESTE LIVRO É DIRIGIDO A TODAS AS PESSOAS que se identificam com o feminino. Por se identificarem com o lado feminino das relações, são as mais sujeitas às relações abusivas, à opressão e ao preconceito. Nem todas as pessoas que estão nessa posição são mulheres cis. E nem todos os opressores são homens cis. Então, sempre que eu me dirigir a você, leitora, estou falando com esse lado, seja você hétero ou homo, cis ou trans, homem ou mulher. Quando eu disser, *Bê, Binha, minha filha, minha amiga* é a você que me dirijo.

Em compensação, sempre que eu falar *ele, o traste, aquele cachorro, aquele escroto, esse tipo*, já sabe que estou me referindo ao lado masculino, ao opressor e abusivo da relação, quer ele esteja personificado numa mulher ou num homem, cis ou trans, homo ou hétero.

Na infância, enquanto estamos construindo a nossa identidade e nosso caráter, recebemos informações que vão nortear o nosso olhar subjetivo e coletivo. É nessa época da vida que aprendemos que, muitas vezes, o amor é doloroso; que as histórias de amor são recheadas de dores e de sofrimento, para que, no final, o casal seja FELIZ PARA SEMPRE!

Agora reflita: se foi naturalizado que o amor é sinônimo de sofrimento, muitas pessoas vão acreditar que viver uma relação tóxica é completamente normal. E é por isso que decidi alertar sobre a importância de TIRAR O SAPATINHO E BOTAR O PÉ NO CHÃO! Se o seu relacionamento te faz sofrer, mana, caia fora dessa história. Procure apoio, ajuda de especialista, mas não permaneça em algo que te adoeça.

Sei que também vai aparecer gente questionando minhas escolhas e perguntando: ué, Tia Má, e as mulheres escrotas, você acha que elas não existem? É claro que existem. Mas não são objeto deste livro. Quem quiser uma obra que se dedique só às escrotidões femininas, que fique à vontade para sentar a escrevê-la. Mas não vou ser eu, entendeu, Bê?

ESCOLA DE PRINCESAS DA TIA MÁ

(Ou pode chamar de Apresentação)

SABE QUAL É O MEU SONHO? Abrir a Escola de Princesas da Tia Má, bem diferente dessa aí que tiveram a pachorra de criar.

Parece absurdo, mas é real! Pode dar um google e vai ver que não estou mentindo. Criaram uma escola para ensinar meninas a serem as princesinhas perfeitas dos pseudo contos de fadas, um lugar onde mulher aprende a ser uma máquina reprodutora de regrinhas. Lá ela terá lições de como se sentar, como se pentear, como se maquiar, qual é a flor certa para pedir ao marido...

Eu defendo que as mulheres sejam e se comportem como elas quiserem. Mas, se você está com este livro nas mãos, já pode imaginar como seria a Escola de Princesas da Tia Má.

Quer se matricular? Vou apresentar algumas das disciplinas.

PRIMEIRA LIÇÃO: *Como pagar suas contas sendo assalariada.*
Afinal, aqui no Brasil a maioria das famílias é chefiada por mulheres.

Segunda lição: *Como não se transformar em estatística de feminicídio.*

De acordo com pesquisas recentes, o Brasil é um dos piores países do mundo para SER MULHER. Só por isso, suas chances de morrer já são maiores. Se, além de mulher, você ainda for preta e conseguir sobreviver, você é mesmo uma danada de uma sortuda que ainda não caiu nas estatísticas perversas.

> **Tia Má também é cultura**
> **A pesquisa reveladora**
>
> A pesquisa que citei acima foi publicada em 2018 pelo Instituto Georgetown, da universidade norte-americana de mesmo nome. O estudo aplica o Índice Global de Paz e Segurança das Mulheres, que compara dados oficiais de 11 indicadores relacionados com inclusão, justiça, segurança e analisa desde os anos de escolarização, a inclusão financeira, o emprego, o uso de celular e a violência machista. Dentre os 153 países pesquisados, o Brasil ocupa a degradante posição 82.

Outra matéria importante na nossa Escola de Princesas:
Assédio I – Como lidar com o assédio.
Assédio II – Como não virar a mão na cara da pessoa que diz que você "está de mimimi".
Não se esqueça de se inscrever na disciplina *Como seguir seu corpo de acordo com suas regras sem ser julgada*.
Afinal, a mulher independente fica com quem ela quer. Mas depois ela é tachada do quê mesmo? De pu*a, não é? E ela

que se vire para superar o estigma, porque, caso se transforme no que chamam de "mulher reclamona", ninguém nunca mais vai querer ficar com ela.

Outra lição importantíssima é *Como criar seu filho sozinha*.

Muitos homens, depois que se separam, abandonam também as crias, pagam pensões ínfimas e ainda afirmam que estão sustentando a mulher e toda a sua família. Isso para não falar naqueles que já deram no pé assim que souberam da gravidez. Ou seja, você trabalha, educa seus filhos sozinha, dribla as situações de assédio e de violência, e, quando resolve se divertir um pouco, todo mundo bota o dedo na sua cara.

Na Escola de Princesas da Tia Má você vai aprender a ser independente. Saberá de cor a Lei Maria da Penha e quais órgãos acionar para buscar orientação ou ajuda caso você seja vítima de algum tipo de agressão.

> ### Tia Má também é cultura
> ### Você conhece a Lei Maria da Penha?
>
> *A Lei Maria da Penha foi concebida para punir e desestimular atos de violência doméstica contra a mulher. Foi decretada pelo Congresso Nacional e sancionada pelo ex-presidente Luiz Inácio Lula da Silva em 7 de agosto de 2006, mas entrou em vigor no dia 22 de setembro de 2006.*
>
> *Considerada pela Organização das Nações Unidas como uma das três melhores legislações do mundo no enfrentamento à violência contra as mulheres, a lei Maria da Penha também contribuiu para uma diminui-*

ção de cerca de 10% na taxa de homicídios contra mulheres praticados dentro das residências das vítimas.[1]

A lei foi batizada em homenagem à farmacêutica cearense Maria da Penha Maia Fernandes, que sofreu continuados episódios de violência doméstica ao longo de seus 23 anos de casamento com o economista e professor universitário colombiano Marco Antônio Heredia Viveros. Em 1983, as agressões se intensificaram, e ele tentou assassiná-la. Simulando um assalto, atirou na mulher com arma de fogo. Como resultado, Maria da Penha ficou paraplégica. Não satisfeito, com a mulher já imobilizada numa cadeira de rodas, Marco Antônio tentou afogá-la e eletrocutá-la durante o banho.

Só após a segunda tentativa de homicídio Maria da Penha conseguiu sair de casa devido a uma ordem judicial. A batalha para que seu então marido fosse condenado levou o Centro pela Justiça e o Direito Internacional (CEJIL) e o Comitê Latino-Americano e do Caribe para a Defesa dos Direitos da Mulher (CLADEM) a protocolarem uma denúncia à Comissão Interamericana de Direitos Humanos da OEA. Como resultado, o Brasil foi acusado de negligência, omissão e tolerância por não dispor de mecanismos suficientes e eficientes para proibir a prática de violência doméstica contra a mulher. A Lei Maria da Penha é resultado das recomendações recebidas, entre as quais se encontrava a adoção de políticas públicas voltadas para a prevenção, punição e erradicação da violência contra a mulher.

---

[1] Dados de 2015 do Instituto de Pesquisa Econômica Aplicada (Ipea).

Aliás, é bom lembrar que agressão não é só violência física. Ela pode ser emocional, pode ser verbal, e a gente acaba nem se dando conta disso. Aqui no Brasil, a mulher passa por isso todos os dias.

Fique ligada. Se você consegue superar esses dados e seguir em frente, você não é uma princesa; você é uma rainha.

Tira o sapatinho e bota o pé no chão. Não dá mais para transmitir às nossas crianças conceitos machistas, opressivos e ultrapassados. Vamos ensinar nossas meninas a serem independentes. Vamos ensinar aos meninos que mulheres não existem para seu deleite, para cuidar do serviço doméstico ou para procriarem. Vamos ensinar o respeito.

Neste livro, você vai encontrar algumas das lições que a futura Escola de Princesas da Tia Má apresentará no currículo. Espero que você se forme com louvor.

Tia te ama, viu?

ELES ME ENSINARAM A QUERER MAIS

(Ou pode chamar de Dedicatória)

Fui uma mulher muito abalada por relacionamentos ordinários. Eles tiraram meu chão e me deixaram noites sem dormir.

No entanto, foi graças a cada relação falida que descobri que eu merecia mais. Cada lágrima me deu a certeza daquilo que eu não queria viver novamente. Aos poucos, fui descobrindo a mulher maravilhosa que mora em mim e parei de aceitar qualquer besteirinha só para chamar de relação. Não sou raciada com pombo para viver de migalhas!

Como uma dedicatória pelo avesso, vou contar para você meu Top 7 + 1 das Relações Ordinárias, muitas das quais chegaram ao limite do abuso e eu nem me dei conta.

Meu Top 7 + 1 das Relações Ordinárias começa logo ali

1 - Meu primeiro namorado

Dedico este livro ao A., que foi a pessoa que mais se aproximou do que posso chamar de meu primeiro namorado. Foi com A. que troquei uns beijos quando tinha 13 anos.

Não posso dizer que foi meu primeiro amor. Na verdade, eu gostava de um outro menino – que não me dava a menor bola. E pior! Descobri que ele queria mesmo era namorar a menina mais popular do bairro onde minha avó morava. E essa menina – evidentemente – não era eu.

Ali, sofri minha primeira decepção amorosa. Tive que ver o cara de quem eu gostava dar todas as demonstrações de seu encanto por outra garota. (Se essa também foi a sua primeira decepção, chegue mais, amiga. Porque essa história tem desdobramentos, como você vai ver ao longo deste livro.)

Assim como tantos adolescentes, sofri em segredo. Ninguém sabia que eu gostava do menino. Mas não havia o que fazer. Ele estava apaixonado por outra. Já seu primo A. era doido para me namorar.

Fazer o quê? Aceitei. Mas aceitei para tentar amenizar o sofrimento, a dor de cotovelo. Eu não tinha nenhuma vontade real de estar com A. Aos poucos, fui compreendendo que não podia curar minha autoestima abalada explorando afetivamente outra pessoa. Terminei com A. e me senti aliviada. Podia sofrer em silêncio e pensar melhor nos meus caminhos e escolhas sem precisar fazer de conta que estava apaixonada ou feliz.

Não foi um belo primeiro caso de amor, mas foi uma boa primeira lição.

Às vezes, é um ALÍVIO poder ficar sozinha com a sua dor.

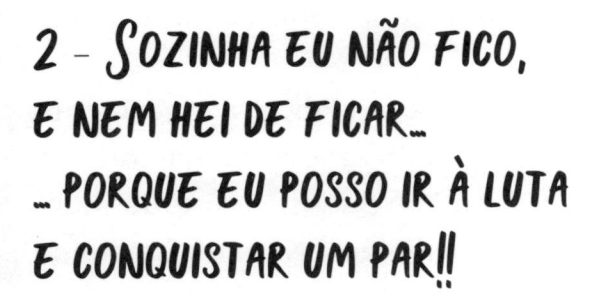

2 - Sozinha eu não fico, e nem hei de ficar...
... porque eu posso ir à luta e conquistar um par!!

Também dedico este livro ao R., crush de 99% das meninas do ensino fundamental, inclusive meu.

Eu ainda era quase criança e estava embevecida pelo R. Sabe aquele cara gatíssimo, por quem todas as meninas são loucas? Pois. Eu não era exceção. Ficava lambendo o R. com os olhos. Eu e todas as outras meninas. Ele era lindo. Parecia a encarnação de todas as perfeições masculinas (o que era um espanto, porque tanto R. quanto todas nós não tínhamos mais do que 11 anos).

No entanto, eu já compreendia que o racismo impede que mulheres negras sejam vistas como a primeira opção para receber afeto. Eu já entendia que éramos mais fadadas à solidão, por isso passava boa parte do meu dia tentando bolar uma estratégia eficiente de sedução para atrair R., o gatão!

Aqui cabe um parêntese. Todo movimento de conquista é uma competição. E você sabe que entra na briga com mais ou com menos condições de levar o prêmio. Enquanto menina negra, eu já sabia que estava em desvantagem. Os meninos nunca nos achavam as mais bonitas.

Eu e as demais meninas negras sempre fomos preteridas nas disputas amorosas. Ou então éramos aquelas em quem eles queriam dar uns beijos e amassos, mas sempre às escondidas.

Como eu já sabia que tomar a iniciativa simplesmente não ia ser suficiente para fazer aquilo render um namoro – e eu queria namoro mesmo, de mãos dadas, com todo mundo vendo, celebrando e invejando –, resolvi partir para uma estratégia capitalista.

Achei que poderia oferecer alguma coisa para que ele mantivesse algum tipo de relacionamento comigo, nem que fosse só por interesse. Com base nessa esperança, comprei um lindo presente para ele e fiquei esperando que me "recompensasse" com algum tipo de afeto.

Relacionamento não é negócio.

O maior benefício que você pode oferecer é o SEU CORAÇÃO.

R. aceitou o presente, agradeceu, mas nunca ficou comigo. Ainda por cima, fez mais um pedido: que eu levasse um recado para uma colega nossa dizendo que ele queria namorá-la.

Aprendi ali o que muitas mulheres só aprendem bem mais velhas — e que também pode trazer prejuízos imensos para suas economias. Mas isso é outra história! Quando falarmos de corações partidos, vale lembrar que relacionamento não é negócio. O maior benefício que você pode oferecer é o seu amor. Se não for suficiente, caia fora.

3 - A DANÇA DO FORA

Faço aqui uma menção especial ao J.R., o sujeito mais mal paginado, mais desprovido de encantos com quem eu tentei namorar. E que me deu um fora mesmo assim.

A cobrança para que a gente encontre uma pessoa é cruel. A história da metade da laranja, como se fôssemos seres incompletos, como se a pessoa sozinha fosse indigna de ser amada, vai acabando com a gente. A pressão é tamanha que chega uma hora em que a gente perde o senso crítico e começa a topar qualquer migué para evitar a solidão.

Ainda adolescente, já tendo compreendido que eu poderia tomar a iniciativa, eu continuava sem namorado fixo. Sem essa pessoa mágica que vem legitimar nossa existência perante a sociedade, a família, os amigos... comecei a achar que estava fazendo alguma coisa errada. E essa coisa era sempre ter como alvo o menino mais gato, o mais cobiçado, o mais desejado. Então, para evitar ficar sozinha, passei a mirar os mais feios, os mal-ajambrados, os que eram rejeitados, como eu.

Ficar só pode ser uma maneira BEM DIGNA de se viver.

Foi quando eu decidi que ia ficar com J.R., um cara esquisitão, mas que dançava bem. Num dia de festa, fui até ele e disse que tinha uma menina muito a fim dele. J.R. ficou que era só empolgação. Queria de todo jeito saber quem era.

Acabei me apresentando como a pretendente.

Para minha dor e surpresa, ele fez questão de dizer que não queria nada comigo. Ou seja, eu era rejeitada até mesmo por aqueles que as outras meninas nem olhavam.

Jurei que aquela seria a primeira e a última vez que isso acontecia.

Ficar com um estrupício só para dizer que não estou sozinha? Não, muito obrigada. Ficar só pode ser uma maneira bem digna de viver.

Dica da Tia:

Sei que você já está há tanto tempo sem pegar ninguém que anda fazendo psiu para o espelho. Mas se até a natureza tem períodos de seca, por que com você seria diferente? Sei que é difícil (tia também já ficou abafadinha), mas tome cuidado para não deixar o desespero tomar conta e, devido à carência, aceitar qualquer coisa que te ofereçam!

9 - A Paixão Abestada

Quero falar aqui também do F., o cara mais inteligente, popular, engraçado, comunicativo e charmoso que eu conheci quando ainda era nova e boba.

Já deu para perceber que eu era louca por ele, não deu?

O problema é que, no começo, a gente só ficava em eventos e festas. Eu sofria, mas aguentava quieta, porque achava que, assim, sem pressionar, ele acabaria percebendo que eu era a garota certa para ele. E foi o que aconteceu. Levou um tempo para que aquilo virasse um namoro, mas, quando engrenou, não existia no mundo uma idiota mais apaixonada e feliz do que eu.

Minha família não aprovava, mas eu achava, ou melhor, tinha certeza de que tinha descoberto o amor da minha vida. Cheguei a fugir de casa para ficar com ele.

Encantada — talvez fosse melhor dizer abestada —, e acreditando que minha submissão era um bom caminho, eu estava sempre à disposição de F.

Rapidamente, ele percebeu isso. E então passou a me tratar como se eu fosse sua secretária. Sempre que ele aparecia, era pedindo para eu resolver alguma coisa. E lá ia eu, toda feliz e prestativa. Achava que o fato de ele precisar de mim era uma demonstração de amor.

Existem AMORES que deixam você física e emocionalmente doente.

Falando assim, parece até que era ele que ia sempre atrás de mim. Mas, não. Eu o procurava, ele me recebia muito bem e pedia alguma coisa. Além do sexo, claro. Nosso relacionamento se resumia a cama e trabalho de secretariado.

A roubada era tão evidente para todo mundo – menos para mim – que quem me abriu os olhos foi a mãe dele. Ela devia estar muito incomodada com minha postura tão subalterna. Um dia, me pegou na sala e me deu uma dura. Perguntou claramente por que eu me submetia àquilo. Enquanto eu gaguejava algumas frases mal alinhavadas falando do nosso suposto amor, ela me mandou a real: depois que eu ia embora, ele se encontrava com outras meninas.

Pouco tempo depois, descobri que ele tinha engravidado uma delas. Chorei, fiquei sem comer, acabei ficando doente de tanta tristeza.

Quando me recuperei, comecei a lutar para nunca mais viver uma relação que me fizesse tanto mal.

5 – QUANDO NÃO MERECI

Infelizmente, tenho que mencionar ainda o D. Não porque ele tenha sido um cachorro. Pelo contrário. Mas foi ele quem me ensinou a dor de não conseguir amar.

Depois de tanto chorar e sofrer, parecia que um milagre tinha acontecido. Um cara legal, bonito e engraçado se declarou para mim.

Não precisei fazer nada para atrair a atenção dele, não precisei jogar charme nem bolar estratagemas.

Ele era irmão de uma das minhas melhores amigas. A gente já se conhecia. Na época, eu não percebia o interesse dele. E nem tinha me valido de nenhuma artimanha para conquistá-

-lo. Foi o meu jeito natural, esses encantos que a gente tem e nem percebe, as mesmas coisas que provocam relutância em outros homens — como nosso jeito de andar, nossa risada solta, nossa maneira de gesticular. Só que, no caso dele, tudo que partia de mim funcionava como atrativo.

Desde o começo, ele nunca escondeu o quanto gostava de mim. Me elogiava, chamava minha atenção para qualidades que eu mesma não valorizava, sempre fazia questão da minha presença.

Será verdade que as mulheres SEMPRE preferem os cafajestes?

E, por motivos que nunca vou compreender – mas sempre vou tentar! –, em vez de me sentir valorizada, amada e respeitada, eu me sentia enjoada, como se fosse obrigada a comer um pote de doce de mel em calda.

Eu simplesmente não tinha paciência para aquele cara tão especial. Inventava pretextos para brigas, sempre parecia entediada, faltava aos encontros...

Só muitos anos mais tarde encontrei um texto de um psicanalista, cujo nome já não lembro mais, que trazia o xis daquela equação. Ele dizia mais ou menos o seguinte (me desculpem, cito de memória):

Quando eu não me amo e alguém me ama, essa pessoa só pode ser boba. Ela só me ama porque não é suficientemente inteligente, ou esperta, para perceber meus inúmeros defeitos. Ela não vê como sou inadequada, ridícula, feia e sem atrativos. Se ela realmente me ama, então deve ter defeitos piores do que os meus.

Qual é o resultado? Acabo desprezando quem me ama e me trata bem. Não é à toa que tantos homens se queixam que as mulheres preferem os cafajestes. No fundo, eles não estão tão errados assim. Não é que as mulheres não gostem de ser amadas. Mas é que aquelas que têm baixa autoestima são presas fáceis para esse tipo de parceiro abusivo.

Enfim, D. foi aquele cara maravilhoso que não consegui amar. Eu ainda não tinha nem autoestima nem maturidade para perceber seu valor.

Na prática, a gente brigava e se irritava tanto que foi melhor romper o namoro.

Uma pena. Ainda levei muitos anos para aprender a me amar e me sentir valorizada — condições indispensáveis para quem quer, de fato, viver um grande amor recíproco.

6 - O NAMORADO FANTASMA

Não poderia dar prosseguimento a esta listagem sem dedicar o livro a um abecedário inteiro formado por homens que me ensinaram, da maneira mais sofrida, que uma relação só se faz a dois.

Por que entrei nessas roubadas todas?

Por medo da solidão. Por medo de virar estatística. De me transformar em mais um número ao lado das incontáveis mulheres sozinhas que desfilam sua solteirice pelas ruas, pelos bares, pelas portas de escola, pelas festinhas de firma e de família.

Esse medo é a coisa mais perversa que pode existir. É ele que faz com que a gente aceite se relacionar com qualquer pessoa só para dizer que tem alguém. E foi assim que entrei em várias enrascadas.

Nesta parte do abecedário das minhas dedicatórias, vou concentrar apenas os compromissos que assumi sozinha — porque era nítido que a outra parte não estava do meu lado.

O medo de ficar sozinha nos leva a criar relações que são quase imaginárias, meio unilaterais. Em alguns casos, meus amigos mais próximos achavam que eu estava inventando que tinha um namorado, de tão ausente que era a criatura que eu tinha escolhido para ser meu par.

Hoje, olhando em retrospecto, é muito claro que havia um descompasso. Os caras só queriam sexo garantido — o que eu oferecia —, mas eu estava em busca de romance.

Só consegui dar um upgrade nas minhas relações quando reconheci que, na verdade, eu estava só. Eu não tinha ninguém. No fundo, mesmo que eu enxergasse que estava sozinha, esses caras sabiam como fazer eu me sentir privilegiada pelo simples fato de contar com a companhia deles.

Eles sabiam. Eu acreditava. Essa combinação dolorosa e tão comum acaba criando em muitas pessoas a ilusão de que têm alguém.

Dica da Tia:

Se você não tem alguém para dividir seus problemas, para amparar suas angústias, para te dar um colo na hora do choro, para estar a seu lado na busca por soluções para seu crescimento pessoal e profissional, para comprar as brigas da existência com você... Lamento informar, Bê, mas você está só. Mesmo que exista um figurante ao seu lado.

7 - Os calotes amorosos

Ah, mas quero ainda dedicar este livro ao G., que, como todo bom malandro, era muito bom de lábia.

Foi com ele que aprendi que não existe vigarista antipático e comecei a ficar esperta com esses homens tão sedutores, tão cativantes, tão bons de papo.

G. era assim. Parecia que tinha saído de um contos de fadas. Escrevia poemas, mandava flores, fazia surpresas no meio da semana apenas para reafirmar o amor que sentia por mim.

E, ao contrário de tantos caras bonzinhos cujos encantos se esgotavam antes que o rala e rola parasse na horizontal, G. era o mestre das delicinhas.

Cuidado com o homem que te pede ajuda financeira.

Diante de tantas qualidades, comecei a achar que tinha recebido um presente divino. Firmamos a relação.

Foi aí que começaram os pedidos. Empréstimos financeiros, meu nome para botar num crediário, para alugar um apartamento, para assinar cheques...

Eu fazia tudo, claro. Afinal de contas, ele era meu príncipe, meu prometido pelos céus. Valia o sacrifício. Era uma forma de colaborar com o crescimento dele.

Até que, tempos mais tarde, enquanto ainda estávamos juntos, descobri que G. estava ficando com uma mulher que tinha uma situação financeira melhor do que a minha. Dei uma dura nele e terminamos de comum acordo.

(Lógico, né? Hoje, vejo bem claramente que era tudo o que ele queria.)

Sofri um bocado. Chorei pelo fim de um sonho, pelo futuro que eu tinha projetado para nós dois, pelo conto de fadas que parecia tão real.

Mas também sofri por motivos menos românticos. G. tinha me deixado com uma dívida gigantesca. Tinha crediário no meu nome, aluguéis vencidos, cartão de crédito, prestação de roupa e sapato caro... Era o suficiente para esvaziar boa parte das economias que eu mal começava a fazer.

Olha, Binha, eu estava triste. Mas fiquei uma fera. Saí em busca do meu dinheirinho suado feito um perdigueiro. Como o malandro não parecia disposto a devolver minha grana por bem, acabei precisando recorrer a métodos não muito nobres. Expus o safado, deixei ele de bunda de fora, pra todo mundo ver o aproveitador que era.

Como todo bom malandro, ele sabia que dependia de sua boa imagem para continuar seduzindo mulheres bem-sucedidas e incautas como eu. Não quis arriscar seu futuro. Por isso, consegui recuperar parte do que investi no cretino.

Vade retro, bonitinho aproveitador!

Depois de G., fiquei esperta.

Vigaristas, nunca mais.

8 - Era só empolgação

H...

Ah, meu agazinho... Este livro não poderia deixar de ser dedicado a ele.

Tão lindo, tão engraçado, tão inteligente, tão gostosinho...

H. era o pacote completo para se tornar o par perfeito. Tudo parecia se encaixar. Mas faltava um parafuso. Uma arruela. Um arrebite. Uma voltinha a mais da chave de fenda...

Era tudo lindo e perfeito. SQN.

E, mesmo sendo o detentor de tantas perfeições, a química não rolava.

Eu queria muito me apaixonar por ele.

Ele queria muito se apaixonar por mim.

Mas existia uma espécie de nuvem gosmenta entre nós que impedia que o entendimento fosse perfeito. Que nuvem era essa? Nem eu nem ele sabíamos. Só sabíamos que tudo era perfeito, mas faltava alguma coisa que nenhum de nós dois tinha noção do que era.

Formávamos o pacote completo para fechar o par perfeito. Mas não rolava. Na vida afetiva, a gente não falava a mesma língua.

Na minha cabeça — e acho que na dele também —, tudo estava racionalmente tão certinho que seria bobagem terminar. A errada era eu, por não estar tão feliz quanto devia.

Então, eu me esforçava.

Ele se esforçava.

Mas a mágica não acontecia.

Por medo de desapontar nossos pais, amigos e a nós mesmos, ainda continuamos por um bom tempo naquela relação — que não era o que eu desejava nem o que ele desejava.

Por fim, como éramos duas pessoas bacanas, de bem com a vida e direcionadas para a felicidade, conversamos e admitimos que precisaríamos de parceiros diferentes para formar um par realmente feliz.

Fui para um lado, ele, para outro. Os dois, felizes e aliviados.

A separação foi a melhor coisa que fizemos — com muita amizade, carinho e torcida pela felicidade um do outro.

Equívocos de A a Z

Eu poderia continuar essa lista até chegar ao número 100.

As relações amorosas são assim. A gente está sempre aprendendo. Sempre quebrando a cara, chorando no travesseiro e tentando fazer melhor da próxima vez.

Encontrar o grande e verdadeiro amor parece ser o maior objetivo de todos nós durante nossa existência neste mundão aqui.

Somos todos estimulados a encontrar a tal da "outra metade da laranja", seja lá o que isso queira dizer.

Na pré-adolescência, começamos a correr em busca do grande amor. Ser amada por alguém que nos orgulhe é o grande prêmio, o maior propósito a que um ser humano consegue almejar.

Mal seus hormônios começam a circular pelo sangue, é dada a largada para a corrida em busca do romance. Mas a ideia da gincana sentimental começa antes, ainda na infância.

Desde muito pequenos, somos apresentados aos contos de fadas, à ideia do amor salvador, que chega como prêmio depois de todo o sofrimento.

Esses livros ensinam muitas coisas às meninas e aos meninos. Na maior parte das vezes, coisas erradas.

Quer ver um bom exemplo? Vá a festas de aniversário de criança.

As festas das meninas costumam ter como tema as princesas – essas mocinhas cuja existência só consegue ser legitimada por um príncipe consorte.

Isso não seria muito problemático caso os meninos desejassem ser príncipes. Mas vá a uma festa de aniversário de menino. Do que ele se fantasia? De super-herói, de bombeiro, de policial, de astronauta, de jogador de futebol... Os meninos querem ser qualquer coisa, menos príncipes!

E aí está, logo na mais tenra infância, a raiz do nosso sofrimento amoroso.

Passaremos o resto da vida acreditando que existe um príncipe que nos legitimará – quando esse diacho de príncipe nem mesmo está sendo fabricado! Os meninos não sonham com este papel e não farão o menor esforço para se encaixar nele!

Portanto, Binhas, se vocês ainda acreditam que só a chegada de um príncipe pode fazer sua vida andar para a frente, é preciso mudar de ideia muito rapidamente.

Chega de sofrer por termos sido criadas com base em ideias mal costuradas, que só servem para nos botar numa posição subalterna na vida.

Bê, meu amor, tira o sapatinho e bota o pé no chão! Vamos aprender a descobrir nosso próprio AMOR, o amor-próprio, sem precisar de complemento de outra pessoa, até porque já somos uma delícia sendo inteiras!

AUTOESTIMA NA PRÁTICA

𝒜TUALMENTE, QUALQUER CURSO, PROGRAMA, VÍDEO ou seja lá o que for dirigido à parte mais massacrada da sociedade começa falando de autoestima. E está certíssimo. Se existe um ponto em comum a mulheres, negros, nordestinos, pobres, gays, trans, indígenas, pessoas com deficiência e gordos é o massacre diário que sofrem desde sempre. Temos dois inimigos: a invisibilidade ou a representação estereotipada desses grupos considerados minorias, mas que representam a maioria efetiva da população!

Esse massacre é pior se a pessoa reunir duas ou mais dessas características. Se você for gay e nordestina, ou mulher e pobre, ou negra e trans, ou pessoa com deficiência e homossexual, indígena e gordo, já sabe que sua autoestima é ferida muitas vezes a cada dia — e que isso acontece com frequência. Se juntar três e você ainda estiver viva, produtiva e feliz, você é uma heroína.

Pois bem. Eu sou negra, mulher, nordestina e gorda. Sei muito bem do que estou falando. Sou Ph.D. em desenvolvimento de autoestima e quero começar a mostrar para você como esse bombardeio que a gente sofre desde pequena acaba moldando as nossas reações.

Os opressores tem muitas formas de desvalorizar as mulheres e, com isso, matar nossa autoestima! Eu os chamo de serial killers afetivos, especialistas que agem em série para aniquilar nosso amor-próprio. Vou mostrar algumas situações – para você aprender a ficar esperta!

Mania de chamar a mulher de louca

Pode apostar. Sempre que você vê um homem chamando uma mulher de louca, das duas, uma: ou ela está com raiva, ou está coberta de razão.

Como o sonho desse tipo de homem é encontrar uma figura dócil e submissa, todo questionamento ou demonstração de insatisfação é logo classificada de loucura. Ou seja, o ordinário apronta, e quando você reclama ainda tem que ouvir: "Ah, está maluca!"

A mesma coisa acontece quando você acha que tem algo de errado acontecendo. Vem ele e diz que é tudo imaginação sua, que você está... louca. Se a sua intuição está te avisando de algo, pode acreditar!

Toda vez que ele te chamar de **DOIDA**, pode ter certeza de que a sua "maluquice" é que está certa.

Fique muito atenta, Bê! Ainda mais quando você tiver certeza do que está dizendo ou sentindo. Desqualificar sua fala ou seus sentimentos também é uma forma de agressão. A tentativa de tirar a sua racionalidade, de dizer que você perdeu o juízo, é agressão e tem até nome em inglês: *gaslighting* (pronuncia-se *gasláitin*).

Quando a pessoa com quem você se relaciona te chama de maluca o tempo todo, você acaba duvidando da própria sanidade. Daqui a pouco, começa a achar que é mesmo tudo só impressão sua.

E, veja bem, toda vez que ele te chama de doida, pode ter certeza: você está é certa. Essa é uma tática masculina bem antiga: fazer você duvidar daquilo que sabe ou sente. Não demora muito e você começa a se perguntar se aquilo não seria mesmo só coisa da sua cabeça. E sabe o que acontece, Bê? Você acaba é ficando doida de verdade.

Não permita que a pessoa com quem você se relaciona te chame de maluca. Nunca! Maluca você vai ficar é se continuar com essa criatura ordinária ao seu lado. Bote fé no seu pensamento.

E tem mais. Nunca dê corda para quem chama outra mulher de maluca. Se você tiver a impressão de que a colega está realmente com problemas, vá lá e ofereça ajuda, sem julgamentos.

Dica da Tia:

Meninas, prestem atenção direitinho. Se o cara sempre chama você de louca, psicopata, desequilibrada, nervosinha ou escandalosa, fiquem ligadas: isso é uma forma de agressão psicológica. Provavelmente, a sua postura é resultado de algum comportamento dele. Não duvide de si mesma... Essa é a forma mais comum que os machos usam para destruir a sanidade de uma mulher.
Maluca, é?
*Pois maluca é a @#$&**!*

Vá fazer piada com quem gosta

Aí a Bê fica toda alegre porque arranjou uma pessoa bem-humorada, que faz piada o tempo todo, que só dá risada. Será que isso é bom mesmo?

Pode ser ótimo se vocês derem muita risada juntos porque se divertem com as mesmas coisas. Mas se o brincalhão só faz piada com você, só te deprecia, só te bota pra baixo, isso não tem graça nenhuma.

Não tem graça quando a brincadeira é uma DESGRAÇA!

Às vezes, você está tão feliz, tão envolvida, tão empolgada, que nem percebe que a pessoa está botando você pra baixo. Quando começa a desconfiar, justifica: "Ah, mas é o jeito dele..."

Se é esse o jeito dele, está na hora de deixar de ser. Não é para mudar a personalidade de ninguém, não é para deixar de brincar. Mas o alvo da piada não pode ser você. Ele que faça seus gracejos com algo que não te magoe. A graça não pode causar incômodo.

O grande problema desse tipo de palhaço é que, aos poucos, sem que você se dê conta, ele vai minando a sua autoestima, e isso aí, Bê, é uma forma de relacionamento abusivo.

Não fique aí achando que isso é da personalidade dele. O nome disso é opressão disfarçada de gracinha. Aí vem você querendo desculpar o descompreendido: "Ah, Tia Má, não faz mal. Eu nem me ofendi." Sério mesmo, Binha? Pois devia ter se ofendido, porque é ofensa, sim. E o fato de você não perceber quando alguém te deprecia só mostra o quanto você já está acostumada com isso.

Tira o sapatinho e bota o pé no chão, minha filha! Já passou da hora de deixar de ser alvo de piada.

Tamanho G de gostosa - Parte 1

São tantos os motivos que a sociedade encontra para ofender as mulheres que estão fora dos padrões que a gente vai dividir essa parte em duas. E do que vamos falar aqui? Justamente desse tal padrão.

Quanto mais o tempo passa, mais o padrão de beleza se torna inatingível. A princípio, pode parecer que isso é invencionice só da indústria da moda. Mas a coisa é mais grave, Bê. Tem muita gente ganhando dinheiro às custas do sofrimento feminino: a indústria farmacêutica com seus remédios para tirar o apetite, a indústria de alimentos com seus diets, lights etc., a indústria da beleza, da moda, da estética, das cirurgias plásticas, das lipoaspirações, das academias de ginástica, das roupas especiais para você fazer ginástica, dos calçados especiais, dos suplementos alimentares, da mídia da "boa forma" (e bota vinte e cinco aspas aí)... É muito dinheiro. Todo ele saído sabe de onde? Da nossa insatisfação com o próprio corpo.

E se amanhã todas as mulheres acordarem felizes com seus corpos?

Já pensou no bando de indústrias, lojas e empresas que iriam à falência?

É por isso que, quanto mais o tempo passa, mais eles inventam corpos impossíveis. E a gente vai aprendendo a se odiar. E até mesmo a responsabilizar as nossas formas (sejam elas como forem) pela nossa suposta falta de sorte no campo afetivo. Essa é uma estratégia perversa. Seu corpo não deve ser uma prisão! É preciso que seja o instrumento que a sua alma vai utilizar para realizar seus sonhos!

Tia Má também é cultura
Beleza, um conceito que muda com o tempo

Rubens, o famoso pintor flamengo do séc. XVII, era extremamente minucioso ao retratar os corpos das mulheres de sua época. Seios redondos e não muito grandes contrastavam com bundas fartas, coxas volumosas e cheias de celulites, e quadris grandes. Este era o modelo de beleza vigente.

A obsessão pelo chamado corpo de violão era tão grande que, ao chegar o séc. XIX, as mulheres usavam espartilhos para apertar a cintura e armações de arame por debaixo das saias e nos sutiãs para ressaltar o contraste de volumes — e valorizar o corpo da mulher parideira.

Na mesma época, no Japão, o ideal estético feminino era completamente outro. As gueixas, tidas como modelos de beleza, enfaixavam os seios e davam muitas voltas com tecido na cintura. O objetivo era deixar o tronco perfeitamente liso, sem ondulações, para ressaltar o que era realmente considerado bonito na mulher: o rosto muito empoado e a nuca — sempre muito bem maquiada.

Do outro lado do mundo, no Ocidente, os primeiros anos do séc. XX começaram a trazer as mulheres para o mercado de trabalho. A moda e o formato dos corpos acompanharam a tendência, com cabelos curtos à la garçonne e vestidos soltos que não chamavam a atenção nem para os seios e nem para os quadris.

A Segunda Guerra trouxe a entrada maciça das mulheres no mercado de trabalho, mas também uma ideologia de valorização da mulher como mãe de família. O resultado logo se fez notar nos vestidos acinturados, que ressaltavam seios e quadris. A moda, então, pedia mulheres cujos corpos mostrassem que estavam aptas a dar à luz e a amamentar.

A década de 1960 trouxe a pílula anticoncepcional e o movimento hippie, dois fenômenos libertários para as mulheres e para seus corpos. Como por um passe de mágica, libertada do corpo maternal, a cultura passou a valorizar a mulher de seios pequenos e com a cintura pouco marcada. Se hoje fosse viva, dificilmente Leila Diniz seria o símbolo sexual que representou à época.

Como movimentos libertários, também, pela primeira vez, os movimentos negro e hippie libertaram os cabelos da ditadura do fio alisado. De Angela Davis a Janis Joplin, quem tinha cachos passou a valorizá-los.

De lá para cá, a indústria da moda e da beleza tornou-se cada vez mais presente e pujante, ditando formatos de corpos, comportamentos e tipos de pele e de cabelo. Instaurou-se a ditadura dos corpos magérrimos — ao ponto de, na década de 1990, as manequins de passarelas ostentarem o visual conhecido como heroin chic, cujos corpos de aparência doentia serviam de modelo para jovens. Não à toa, cresceu de forma assustadora o número de casos de anorexia e bulimia.

Só no séc. XXI, com o fortalecimento do discurso sobre a diversidade e o elogio a todas as formas de beleza,

> independentemente de padrão, esses modelos começaram a ser quebrados. E, mesmo assim, ainda é uma batalha diária afirmarmos a beleza de nossos corpos naturais.

Entendeu agora o problema? Se a sociedade vive pedindo que tenhamos um corpo impossível e acreditamos, estamos lascadas!

Não existe nada pior para nossa saúde mental do que acreditar que somos seres humanos inferiores, menos dignos de amor e respeito, só porque nosso corpo não se encaixa num padrão irreal.

Eu só queria mandar um recado para as publicações femininas: por favor, deixem o mulherio viver em paz. Não aguento mais ver matérias assim: *Ela está 15 kg mais gorda e diz que continua feliz*. Ou então: *Gordinha, mas feliz*. Sempre com a conjunção adversativa. Ou então: *Atriz mostra barriga negativa*.

Pois eu vou te contar o que é negativo, Binha! É ter, o tempo todo, gente dizendo que pra ser bonita, pra ser bela, a mulher tem que ser magra. Até é, mas as outras formas também são lindas! Somos diversas, e é essa diversidade que nos faz tão especiais! E mais, o Brasil é um dos países com maior índice de obesidade do mundo. Então, parem de adoecer as nossas meninas dizendo que qualquer pessoa que vista acima do manequim 38 está fora do padrão. Na verdade, é este padrão que está fora do padrão – de humanidade. E essa insistência em dizer que o bonito é ter barriga negativa só faz nos matar, nos adoecer. Tá certo, Bê? Deixe de ser ordinária e pare de acreditar que só existe uma forma de ser bela!

Aprenda a se sentir linda do jeito que você é. Não caia na cilada perversa de se ODIAR!

Tamanho G de Gostosa - Parte II

Agora, com toda essa pressão, imagine o que é ser uma mulher acima do peso considerado correto.

Para que você tenha uma ideia do problema, vou mostrar um pedido de ajuda que recebi. Olha só!

A pessoa me escreve e diz que o marido a está traindo porque ela está gorda.

Não sei o que é mais doloroso: ouvir isso daquele que diz ser seu companheiro, ou acreditar que merece passar por isso devido à sua forma física.

Ô, Bê! Tira o sapatinho e bota o pé no chão. Seu marido está te traindo porque é:

A) SAFADO
B) ORDINÁRIO
C) DESCARADO
D) CACHORRO
E) INGRATO
F) SEM-NOÇÃO
G) PATIFE
H) BABACA
I) ESCROTO
J) CANALHA
K) CAFAJESTE
L) MACHISTA
M) MISERÁVEL
N) ABJETO
O) SEM-VERGONHA
P) CALHORDA
Q) CARA DE PAU
R) PILANTRA
S) MOLEQUE
T) VIGARISTA
U) TRATANTE
V) MAU-CARÁTER
W) SALAFRÁRIO
X) DESPREZÍVEL
Y) ABESTADO
Z) CRETINO

Nada disso tem a ver com o fato de você estar acima do peso considerado ideal pela indústria da moda e da beleza.

Não é o seu CORPO que vai fazer uma pessoa te AMAR mais ou te amar menos.

Não se responsabilize pela escrotidão alheia, Binha. Seu corpo não define o caráter de ninguém. A gordofobia cotidiana faz com que a gente naturalize esse olhar odioso sobre nossos corpos.

Uma pessoa que utiliza a pressão pela padronização dos corpos para te trair é alguém que vai, na verdade, colaborar com a morte da sua autoestima. Você não merece isso. E fique atenta: o ódio a si mesma é uma das coisas que levam muitas de nós a se submeterem a relacionamentos humilhantes. Acredite!

Dica da Tia:

Você merece receber um amor que te faça feliz e te olhe com afeto.

SAIA DESSA, BINHA!

COM O MUNDO INTEIRO BOTANDO AS MENINAS pra baixo desde pequenas — convencendo as garotas de que são frágeis, pouco inteligentes e nunca suficientemente bonitas —, não é de estranhar que, ao crescerem, elas virem especialistas em entrarem em roubadas afetivas.

Afinal, quem amaria um ser tão imperfeito? Existe uma categoria (grande!) de mulheres que não percebem que são dignas de amor, respeito e consideração. Os homens se comportam como se fizessem um favor em estar com elas. E elas parecem concordar.

Tia te ama, viu? E para te ajudar a escapar dessas ciladas, vai apresentar um verdadeiro catálogo de situações escrotas. É pra você aprender a identificar e cair fora rapidinho.

Delivery de pepeca

A pergunta que não quer calar: você é algum delivery para a pessoa te ligar e você estar pronta em 30 minutos, batendo na porta da casa dele para entregar a sua empadinha? Se a criatura só te liga quando quer merendar, comer alguma coisa diferente, é porque já percebeu que tem o poder de fazer de você fornecedora de coito!

Se você também está a fim de fazer essa entrega fora, papar esse cardápio diferenciado, aí está tudo certo, tudo beleza.

Depois da merendinha, você fica naquela expectativa?

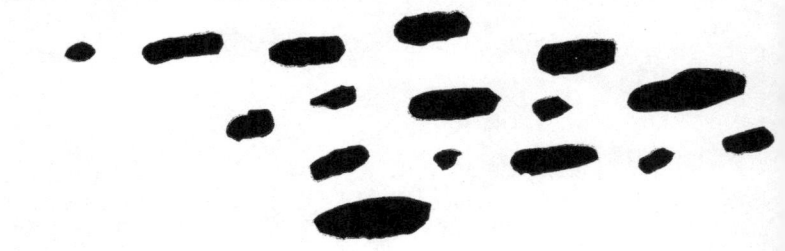

Mas, na maioria das vezes, não é isso o que acontece. Depois da merendinha, você fica naquela expectativa e secretamente deseja que o lanchinho vire prato principal? Acaba jururu pelos cantos, se sentindo um iogurte fora da geladeira?

Se for assim, tome vergonha nessa cara! Não vá ficar com alguém que só está querendo desafogar as mágoas, botar o boneco pra chorar... Você merece mais do que isso!

Tia ama todas vocês, viu?

Até você, que está se permitindo ser a merendinha da vez.

O CARA DA MADRUGADA

Vem cá, minha filha, vamos conversar.

Por acaso você é coruja para só abrir suas asas na madrugada?

Você não está vendo que esse pessoal que só liga altas horas da noite só tá querendo uma coisa? E você sabe o que é, não sabe?

Se a pessoa só te procura de madrugada, tem alguma coisa errada aí. Por que será que não ligou antes? Meu palpite é certeiro: ela estava tentando outras opções, ninguém quis, a noite foi avançando, tentou mais vários contatinhos, e nada. A essa hora, você deve ser uma das últimas lembranças da criatura.

Já parou para se PERGUNTAR por que essa criatura só te procura assim, ESCONDIDINHO?

E aí, como prêmio por essa tremenda falta de consideração, você vai lá e leva seu... lanchinho gostoso?

Já parou para se perguntar por que essa criatura só te procura assim, escondidinho, sem ninguém saber? Não te leva num lugar bacana, não te apresenta aos amigos, não vai com você ao cinema. Só quer uma visitinha de vez em quando, quando não tem mais ninguém disponível.

Ô, Binha, não faça isso com você mesma. Se organize! Não fique com gente assim. Isso não faz bem para a sua autoestima. Só vai desalinhar a sua vida, que já não deve estar lá essa delícia toda – porque, se estivesse, você não toparia uma proposta ordinária dessas, não é mesmo?

Você não é calendário

Vem cá, você é algum calendário?

Se não é, por que a pessoa está marcando data de ano em ano para sair com você? Ele é algum feriado, para só aparecer num dia específico e depois tchau? Pois diga a ele que, se for o caso, você só aceita feriado prolongado, viu? Feriadão!

Um sujeito desses não vale o sabonete íntimo que você usa.

Minha filha, se oriente! Você não vê que uma pessoa que só aparece de vez em quando, de quando em vez, não é para você estar se gastando? Um sujeito desses não vale o sabonete íntimo que você usa.

Não fique em casa esperando por esse traste nem se entristeça com os sumiços dele. Vá para a rua, vá passear, vá conhecer gente nova. Se nada funcionar, lembre-se da música "Os dedinhos".

Você não é folhinha para o pessoal fazer um X na data que quiser.

Se oriente, Bê!

Ele só marca território

Você conhece o tipo. O rapaz manda todo dia aquele coraçãozinho no zap. Manda recadinho cheio de figurinha dizendo "tô com saudades, como você está?", mas nunca te chama para um encontro de verdade.

Você ainda não percebeu o que tem de errado aí? Olhe só, vou te contar.

Sabe o que é? Ele está se comportando como um cachorro! E está marcando território. Fazendo xixi na sua área. E você, iludida, está ficando alegre só com mensagem do zap? Não está vendo que, se ele quisesse mesmo, ia até a sua casa e te chamava para sair? O que ele está querendo com essas mensagens sonsas é guardar você para quando estiver precisado, para quando quiser dar aquela merendada e estiver sem biscoito na despensa.

Não perca seu tempo com esse tipo, viu?

Tia avisa porque te ama.

Você é poeira?

E aí está você, toda organizada, contribuindo para a economia do país, pagando pra fazer depilação — sofrendo com aquela puxada lateral que quase te mata de dor, ou não, porque tia é a favor da pepeca livre —, toda prontinha para encontrar com o pessoal, toda corretinha. E o que acontece? A criatura só quer sair com você no escondidinho.

Quando você reclama, lá vem ele dizendo: "Ah, mas é que eu prefiro uma coisa mais íntima." E nunca assume a relação com você. Ô, Bê, já viu que tem coisa errada aí, não viu?

Você não é poeira para ser escondida debaixo do tapete. Não aceite se relacionar com alguém que não te assume.

Você gosta mesmo de brincar de PIQUE-ESCONDE?

Você está na mesma vibe? Se estiver, vá em frente. O que é de gosto regala a vida, já dizia minha avó.

Mas, se você quer um relacionamento sério, é por ele que você tem que batalhar. Está muito claro que tem alguma coisa errada aí. E sabe qual é a coisa errada? É VOCÊ, que está se submetendo a uma situação que não vai levar aonde você quer.

Não se submeta a nada menos do que o seu desejo, Binha!

Tia te ama e quer ver você feliz e poderosa.

Entenda os sinais

Você ligou pro pessoal. Chamou, chamou, chamou e caiu na caixa postal. Você, aquela pessoa batalhadora, proativa, mandou um zap. Deu sinal de mensagem lida, mas não teve resposta nenhuma.

Precisa consultar algum oráculo para saber o que está acontecendo?

Ô, Binha, o pessoal não está querendo falar com você. Já está em outro lugar, já está em Nárnia. Você está insistindo e se gastando à toa.

Agora me diz: por que fazer uma coisa dessas com você mesma? Onde está o seu amor-próprio? Cadê o seu orgulho? Não dê essa ousadia a ninguém. Além de não retornar, o pessoal ainda vai dizer que você está enchendo o saco.

Fica até feio... 15 ligações suas!!! Que oferecimento é esse? A única atitude correta é sair fora. Bem rapidinho. Em busca de alguém que dê o valor que você realmente tem e que trate você da maneira como merece.

Onde está Wally?

Já se deu conta de que você pode estar vivendo um relacionamento *Onde está Wally?* É assim: quando está tudo indo bem, o namoro está delicinha, o sexo é ótimo, e do nada, sem motivo, a criatura desaparece.

Ele precisa de espaço? Manda alugar um galpão!

Você sai por aí feito uma abestalhada, perguntando: "Cadê meu namorado? Cadê minha namorada? Cadê? Cadê?"

Pouco tempo depois, quando você menos espera, a pessoa reaparece com a maior cara de pau do mundo! Dá uma explicação fajuta, ou nem isso. Diz que estava confusa, que anda precisando de espaço, uma besteira dessas. E você, a mestre das bobonas, cai nessa conversa. Até que ela suma de novo.

Deixa eu te contar uma coisa. Existem duas hipóteses: essa pessoa tem dificuldade de te assumir e, nesse caso, não te merece... tá querendo só a merendinha. Ou, então, ela tem outro relacionamento, esse sim sério.

Bom, se o outro relacionamento é sério, é sinal de que o seu não é. Você é só o passatempo da criatura.

Vai querer isso pra sua vida?

Se quiser, fique à vontade. É uma decisão pessoal e intransferível!

Uma coisa é certa: a pessoa que some não te respeita, não respeita seus sentimentos, não respeita suas expectativas e nem a sua pessoa.

Cai fora, amiga!

Isso não te faz bem.

Dica da Tia:

Muitas vezes, para se manter em um relacionamento, a gente vai deixando de fazer as coisas de que gosta. E a desculpa sempre utilizada é: "Eu tenho medo de perder ele." Ora, Bê, se oriente! A gente perde brinco, caneta, celular, pé de meia. Gente não é objeto. Não deixe de realizar suas vontades por conta de outra pessoa.

Gasparzinho, o Fantasminha Safado

Safado, sem-vergonha, disgramado, cachorro, escroto. Não existem xingamentos suficientes para o sujeito que desaparece sem terminar o namoro.

Ao contrário do Wally — que sumiu, mas reapareceu uns dias depois na maior cara dura —, o Gasparzinho se desmancha no ar. Ele era seu namorado mesmo, ou pelo menos fazia você acreditar nisso. Vocês estavam fazendo planos para o próximo fim de semana, para o próximo mês, para as próximas férias.

Por isso mesmo o sumiço é tão chocante. Nas primeiras horas, ou dias, você acha até que aconteceu alguma coisa com a criatura. Será que ele foi atropelado? Será que está no hospital? Morreu?

Aí, você fica sabendo por uma amiga, por um parente dele ou até mesmo pela rede social que o desgraçado está bem, gozando de excelente saúde e passeando todo pimpão por aí.

A gente fica tão tonta com esse tipo de situação que pode até achar que o estrupício teve uma crise de amnésia.

Agora, fique esperta, minha filha! Uma pessoa que desaparece desse jeito, feito um fantasminha, não pode jamais ser camarada. Sabe o que ela é? Uma covarde, que não consegue chegar para você e terminar decentemente a relação.

A pessoa correta, aquela que respeita você, pode não querer mais ficar junto. Acontece. A relação não está mais gostosa. Então, ela chega para você, diz que está rompendo e vai embora. Não é agradável, a gente sofre pra burro, mas é direito do outro buscar a felicidade dele.

O que não pode, o que é indicativo de personalidade desprezível, é desaparecer sem nem sequer se despedir. Isso é traumático para quem sofre o abandono e dificulta a sua recuperação amorosa.

É como uma morte sem corpo presente, sem velório, sem enterro. Um sumiço no ar. Você fica tonta, sem saber o que foi que deu errado, sem conseguir fazer uma boa avaliação da situação.

Pois se você não consegue, consigo eu!

O sujeito que faz uma coisa dessas não presta. Simples assim. Fez isso com você e vai fazer a mesma coisa com outras.

Enterre a lembrança dele na cova rasa dos seus sonhos, cuspa em cima e siga em frente sem olhar para trás.

Dica da Tia:

Ao perceber que fez tudo errado, a única atitude a tomar é se escabrear (amo essa palavra mais que tudo... Ouvi durante toda minha infância). Em seguida, respire fundo e fale as palavras mágicas, que têm poder revigorante: "Fodeu, fiz merda!" Pronto... agora veja como vai resolver. Viu como não é tão difícil? Tia te ama e não quer ver você com o filme queimado.

VOCÊ NÃO É POMBO PARA VIVER DE MIGALHAS

Pode me explicar por que é que você anda aceitando qualquer coisinha só para dizer que tem alguém do seu lado? Só para passear na rua de mãos dadas? Só para botar foto do casal na rede social? Só para não passar recibo de que está sozinha?

Logo você, que foi criada com todo o amor e carinho por papai, mamãe, titia, vovó... Logo você que foi alimentada a leite Ninho... Logo você agora está se gastando toda, dando importância a essa miserinha fuleira?

Para tudo, bota a mão na consciência e me responde: por que está fazendo isso consigo mesma? Nunca te ocorreu que a vida pode ser bem melhor – e será – quando você perceber que amor não deve rimar com dor?

O homem de pedra

Ele não é ruim. Não trata você mal. Incorpora você à vida dele, não esconde a relação de vocês, pede suas opiniões quando precisa, divide as preocupações com você. Olhando assim, até parece mesmo um companheiro. Mas não é. Por trás de suas atitudes corretas, se esconde um egoísmo feroz e um absoluto desprezo pelas suas necessidades de atenção e afeto.

Se você está triste, ele nem liga. Se está preocupada, ele até finge que te escuta, mas não dá um pio e não faz nada para ajudar. Se você chega toda amorosa, ele responde com um sorrisinho amarelo. Se você toma a iniciativa no sexo, ele até comparece, mas nunca dá o primeiro passo.

Além disso, ele sempre acha que é seu dever ajudá-lo em suas necessidades, mas nunca está pronto nem sequer para trocar o bujão de gás?

Você é feita de pedra para gostar de namorar estátua?

Me diz uma coisa, com toda a honestidade: você está feliz? Está se sentindo realizada? Você acha mesmo que essa relação está boa?

Olhando assim, de fora, daqui de onde estou, o que me parece é que você se acostumou a uma relação fria, desamorosa e sem reciprocidade. É só você quem se dá. O estrupício está lá no bem-bom, só recebendo suas generosas doses de amor, carinho, respeito e atenção.

Pense bem se essa relação desidratada de afeto está te fazendo bem. Ou será que você só está é com medo de ficar sozinha? Está é acomodada?

Minha filha, até água parada dá dengue. Se movimente! Olhe à sua volta, comece a sacudir essa poeira e a descobrir novas possibilidades bacanas para sua vida amorosa. Às vezes, ficar sozinha pode ser uma experiência mais rica e prazerosa do que ficar com um sujeitinho frio desses.

Dica da Tia:

Queira por perto alguém que saiba apreciar cada detalhe do seu corpo e que esteja, ao menos, com disposição para saber onde é gostoso para você, que se dedique para descobrir como lhe dar prazer. Isso também é empoderamento, é autonomia sobre seu corpo.

Carregando a relação

Ô, minha amiga, se você não é burro de carga, por que está carregando essa relação nas costas?

Por que está investindo tanto esforço para fazer o namoro dar certo, e o outro lado está lá, deitado eternamente em berço esplêndido em pleno século XXI?

Quando alguém tem que ceder, quem cede é você. Quando alguém tem que abrir mão de alguma coisa que quer muito, quem abre mão é você. Quando alguém precisa assumir uma responsabilidade séria com relação aos dois, quem assume é você. Quando tem uma briga, quem batalha para o casal voltar às boas é você.

Tem alguma coisa errada aí, Binha!

E sabe o que é? É você! É o seu comportamento, criatura abestada.

Esse tipo de atitude costuma ser provocado por dois tipos de motivo.

O primeiro é a educação que você recebeu. Ensinaram a você que mulher é um ser dócil, que sempre deve ceder e promover a concórdia. Que mulher nunca deve impor seu ponto de vista. Que mulher assertiva acaba sozinha.

Quem é que nunca viu a mãe, a tia ou outra mulher mais velha aturar todo tipo de desaforo do marido, sempre calada, sempre tentando botar panos quentes? Quem nunca viu a mulher usar sua docilidade para proteger os filhos de um macho descontrolado?

Ensinaram a você que A MULHER é o sustentáculo emocional do lar.

Pois é. Você viu isso e acreditou que era seu papel reproduzir o comportamento de sua mãe. Agora me diga, com toda a sinceridade: você acha que esse modelo de relacionamento fez da sua mãe uma mulher feliz e realizada? Acha que o fato de ela reprimir seus sentimentos, suas angústias e aflições a vida inteira fez bem para a saúde física e mental dela?

Eu acho que não...

Está na hora de você começar a jogar no seu próprio time. Levantar essa cabeça e trabalhar para viver relações em que as duas partes façam o mesmo tipo de investimento, seja ele tempo, emoção, dinheiro ou empenho na harmonização do dia a dia.

Relacionamento é matemática

Sempre que uma amiga me diz que não sabe se a relação vale a pena ou não, eu aconselho a usar a fórmula matemática da Tia Má. Ela é infalível. Não dá margem a dúvidas.

Basta se fazer uma pergunta: num intervalo de tempo de uma semana, quantos dias você está feliz, bem, pra cima, por causa dessa relação? E quantos dias você se sente pra baixo, frustrada, choraminguenta, raivosa, desmerecida por causa dessa mesma relação?

Se a maioria dos dias for positiva, minha amiga, vale a pena investir mais na pessoa que lhe faz tão bem. É uma pessoa que faz você se sentir mais bonita, mais capaz, mais competente. É uma pessoa que chega junto, que ajuda, contribui.

Aprenda a evitar os desastres matemáticos.

No entanto, se for o contrário, se a criatura é motivo de tristeza, frustração, se ela faz você se sentir feia, gorda, inadequada, desimportante... ela é um verdadeiro desastre matemático na sua vida. Se parece que só ela é importante e que você deveria dar graças aos céus porque esse ser celestial lhe dirige, de vez em quando, um breve olhar... Ah, Binha... eu fico até com raiva de você, sabia?

Nesse caso, está matematicamente provado que você é uma abestada, que está se desmerecendo!

Mesmo assim, Tia te ama, viu? E torce para que você acorde logo dessa leseira.

*Aproveite e faça aqui as contas da sua relação

PRÓS	CONTRAS
_____	_____
_____	_____
_____	_____
_____	_____
_____	_____
_____	_____
_____	_____
_____	_____

O resultado da conta pode te ajudar a tomar uma decisão.

Tia Má também é cultura

"Ninguém pode fazer você se sentir inferior sem o seu consentimento."

A frase, de autoria da ex-primeira dama norte-americana Eleanor Roosevelt, nos leva a pensar. Se fosse assim, tão simples, nenhuma pessoa seria tratada como um ser inferior – porque ninguém concordaria com tal comportamento. No entanto, quando pessoas são criadas, desde muito cedo, para se sentirem como se fossem menos capazes e menos inteligentes do que outras, elas tendem a acreditar em sua própria inferioridade. Dessa maneira, mesmo sem perceberem, elas "consentem" no tratamento que recebem. É o que acontece com as mulheres e com outras chamadas minorias.

Igualdade e respeito são duas palavras que andam sempre juntas. E o motivo é simples: ninguém respeita aquele a quem não considera igual. Pode proteger, pode ser simpático, pode achar bonito.
Mas não respeita.

RELAÇÃO ABUSIVA

Se te causa dor, não é amor

UMA DAS PRIMEIRAS MENTIRAS QUE nos são ensinadas é a suposta fragilidade feminina. O patriarcado nos deixou como herança cruel esse olhar viciado de que as mulheres merecem menos, ou que podem ser tratadas como cidadãs de menor importância.

Na infância, enquanto construímos nossa identidade e nosso caráter, recebemos informações que vão nortear o nosso olhar subjetivo e coletivo. É nessa fase que aprendemos que, muitas vezes, o amor é doloroso, que as histórias de amor são recheadas de sofrimento, para que, no final, o casal seja feliz para sempre. Foi isso que os contos de fadas nos contaram, é isso o que as novelas continuam a mostrar na TV e que acabou moldando nossas fantasias românticas. A mocinha sofre até que — por suas qualidades, que sempre incluem uma boa dose de passividade e capacidade de perdão — a relação amorosa finalmente "entra nos eixos" e a felicidade chega como um prêmio.

Agora reflita. Ao naturalizar a relação entre amor e dor, ao aceitar a ideia de que o sofrimento é apenas uma fase ruim antes da felicidade, as pessoas acabam acreditando que viver uma relação tóxica é completamente normal. E é por isso que decidi alertar para a importância de TIRAR O SAPATINHO E BOTAR O PÉ NO CHÃO. Se o teu relacionamento te faz sofrer, mana, cai fora dessa história!

Procure apoio, ajuda de especialista, mas não permaneça em algo que te adoece.

Ainda hoje, tem gente que acredita que as agressões física, sexual e emocional fazem parte do contexto de um relacionamento. E que é natural que ocorra algum grau de violência dentro da vivência a dois.

É esse tipo de pensamento que naturaliza as mortes dos corpos femininos. É preciso romper com esse ciclo. E, como dizia minha vó, mal a gente corta pela raiz!

Temos o dever de ensinar às nossas crianças que amor não rima com dor. Na vida, um relacionamento deve ser saudável. A pessoa pode viver com quem quiser, desde que o outro membro da relação também queira viver com ela. A decisão de uma mulher de se separar não pode, de forma alguma, resultar em morte.

A violência contra a mulher é extremamente democrática, atinge todo tipo de figura feminina. Por isso, minha amiga que está lendo este livro, se você passa por isso, não se sinta responsável pelas agressões. Isso é fruto da cultura machista e da masculinidade tóxica. Muitos homens acreditam que essa é a forma correta de atestar que são machos.

A importância de dar nome aos bois (ou aos boys?)

Toda mulher tem uma história cruel e dolorosa de assédio, tenha sido cometido por um estranho na rua ou por pessoas próximas e da família. Um tio que passa a mão no seio da garota, um passageiro que pressiona o corpo da mulher durante a viagem no ônibus, um vizinho que estava se masturbando e olhando para as meninas. Histórias tristes como essas ocorrem aos montes e, infelizmente, devem estar ocorrendo com alguma garota neste momento. E, por mais horríveis que sejam, ainda tem quem acredite que isso não interfere na forma como essas mulheres vão se relacionar.

Acreditar que a grosseria é uma característica masculina natural faz com que muita mulher conviva com agressores e pessoas violentas. Como fruto do convívio, elas acabam achando que essa postura é normal e natural. A gente não percebe que está sendo vítima de um crime até conseguir encaixar o rótulo "relação abusiva" naquilo que está acontecendo na nossa vida.

Acho que é preciso começar a identificar algumas atitudes, para já acionar o alerta! Fique atenta se ele:

- É agressivo
- É ciumento demais
- Se descontrola à toa
- Está sempre estressado
- Controla todos os aspectos da sua vida
- Vive apontando seus defeitos

Identificou alguma dessas atitudes? Então, sinto informar, mas acho que existe uma grande probabilidade de você estar numa relação abusiva.

A possibilidade de você estar se enfiando numa relação abusiva é real.

É claro que eu posso estar errada. Talvez você apenas esteja se relacionando com um sujeito chato, ciumento, opressor e controlador... Mas pense, Bê...

Acontece que companheiros ciumentos, opressores e controladores costumam ter atitudes abusivas, você concorda?

Então, Binha, por favor, fique esperta. Abre o olho!

Relacionamentos abusivos adoecem as mulheres, quando não resultam em violência e morte. E por mais doloroso que seja, é fundamental te fazer esse alerta.

Tia Má também é cultura

As autoras de livros infantis italianas Elena Favilli e Francesca Cavallo fizeram uma experiência em vídeo. O resultado é tão interessante que o número de visualizações ultrapassa 116 mil pessoas. [2] As pesquisas nas quais elas se basearam mostram dados impressionantes:

- Quase 100% dos livros infantis têm personagens masculinos, mas 25% não mostram nem uma personagem feminina.
- Só 53% das personagens femininas têm falas.

---

2 - The ugly truth of children's books - https://www.youtube.com/watch?v=Z1Jbd4-fPOE

- Dentre as personagens femininas com fala, menos de 20% tinham uma profissão ou aspirações profissionais. O restante só queria se casar. Entre os personagens masculinos, 80% têm profissões ou aspirações profissionais.

Alguém poderia olhar para todas essas pesquisas e alegar: "Ah, mas tudo isso é fantasia. Ninguém acredita em filmes e em livros infantis." No entanto, filmes e histórias ajudam a formar nosso caráter, nossos sonhos e planos para o futuro.

Sem modelos que mostrem mulheres capazes, prontas a assumirem posições de liderança, a maioria das meninas não começará nem mesmo a pensar que pode traçar um futuro melhor para si.

A atriz Geena Davis, fundadora do instituto que faz várias pesquisas sobre representatividade feminina no cinema, afirma que assistir TV melhora a autoestima dos meninos, que encontram ali boas opções. O mesmo não acontece com as meninas.

"As pessoas podem ser inspiradas ou limitadas pelo que assistem", alerta Geena Davis

Com o imaginário formado por exemplos tão pouco benéficos para as mulheres, não surpreende que tanta gente ainda acredite que elas são inferiores aos homens. E esse pensamento traz consequências terríveis para a realidade feminina.

Preste atenção aos sinais

No começo do namoro, ele sempre te elogia. Mas são elogios esquisitos, enfatizando características suas que podem não ter sido bem digeridas por você mesma. Tipo:

"Adoro seu andar desengonçado!", "prefiro você sem maquiagem", "gosto de você sem cortar o cabelo".

O elogio do abusador costuma partir do mesmo princípio: você tem um ponto fraco e, de alguma forma, ele chama a atenção para essa "falha" dizendo que ela o atrai.

Ao fazer isso, o cretino transmite uma mensagem poderosa. Ele diz que ama aquilo que você mesma tem dificuldade em aceitar. Dessa maneira, se coloca no lugar de um homem especial. Ele é o único – preste atenção, o único! – capaz de amar você como você é.

Sabe qual é o problema, Bê? É que ele não ama coisa nenhuma! E logo você vai perceber isso quando ele começar a usar seus pontos fracos para botar você para baixo. E aí, quando você se der conta, vai estar presa dentro de uma relação escrota, que só te faz mal. E pior, continuando a achar que o tal macho que está ao seu lado é um cara ótimo, que te ama de um jeito que nenhum outro homem vai amar.

Preste atenção, minha filha. Preste muita atenção!

Esse homem não te ama. Ele só está se aproveitando da sua baixa autoestima para se sentir poderoso. Fuja, que isso é cilada!

Nunca se soube de caso de agressão que MELHORASSE com o tempo.

Ninguém vai te querer

Um truque velho e muito usado por quem tem tendência a ser a parte abusiva da relação é tentar convencer você de que ele é o único disposto a namorá-la. Se o Príncipe Encantado ou a Pepeca de Diamante forem embora, ninguém mais vai querer ficar com você, que estará condenada à solidão eterna.

Geralmente, o energúmeno que usa esse tipo de argumentação escolhe bem a sua presa. Ele se aproxima de uma mulher que está sozinha há algum tempo ou de uma que acabou de sair de uma relação malsucedida.

É aí que ele entra em cena, todo pimpão, se sentindo o rei da cocada e largando essa conversa mole: "Se eu for embora, você vai ficar sozinha, ninguém vai querer você!" ou "Quer ficar encalhada feito as suas amigas?"

Com essas palavrinhas mágicas, sabe o que ele está fazendo? Ajudando a botar abaixo a sua autoestima. Quando diz um troço desses, o sujeito está falando: você não é capaz de atrair ninguém, você não vale nada, você não é desejável, e só estou aqui porque sou o único que vê alguma qualidade em você.

Mulher só vale alguma coisa se for LEGITIMADA por uma figura masculina?

Além de manipular sua baixa autoestima, sabe o que esse cachorro safado faz? Ele reforça, na sua cabeça, a ideia de que uma mulher só vale alguma coisa se for legitimada por uma figura masculina.

Já conseguiu pensar em coisa mais machista do que essa?

Sai dessa, minha filha!

Você vai mesmo ficar medindo o seu valor pelo fato de estar sozinha ou acompanhada?

Dica da Tia:

Veja o esquema do relacionamento abusivo:

CICLO DO RELACIONAMENTO TÓXICO

TENSÃO → LUA DE MEL → RECONCILIAÇÃO → INCIDENTE → (TENSÃO)

As primeiras brigas

Acredite, Bê, elas não vão demorar a acontecer. E a primeira briga vai chegar tão de repente, vai ser tão sem sentido e tão injusta que você vai ficar estatelada, sem reação, só vendo o seu príncipe encantado se transformar num sapo gosmento e venenoso.

Se você for inteligente, vai cair fora na mesma hora. Mas a maioria perdoa. E perdoa porque, assim como chegou, a crise de fúria passa e o sujeito parece sinceramente arrependido de seu descontrole.

Mas aí... as crises se repetem. E você nunca sabe o que pode detonar o piti do macho. Uma conversa que começa normalmente pode virar com o vento e, de repente, você se encontra no meio de uma tempestade de acusações.

Com o passar do tempo, você começa a ficar cada vez mais calada, mais acuada, tentando evitar, a todo custo, que a granada volte a explodir no seu colo. E não adianta. Ela vai explodir – até que você dê um basta.

Não vai ser fácil. Você vai precisar lutar contra si mesma, contra uma sociedade machista, contra o orgulho do seu parceiro e – se bobear – contra a violência dele ao ser dispensado.

Uma coisa é certa, Binha. Você não pode ficar nessa relação. Nunca se soube de caso de agressão que melhorasse com o tempo. É sempre o contrário: só piora.

Tira o sapatinho, bota o pé no chão.

Os dois pés.

E saia correndo dessa relação.

Dica da Tia:

Um dos pretextos que os amores tóxicos mais gostam de usar para começar uma briga é a sua vida pregressa. Se você não for virgem, pode ter certeza de que ele vai vasculhar o seu passado e tentar fazer você se sentir culpada e fracassada.

Por isso, a Tia avisa logo: não tenha vergonha de ter tido vários parceiros ou parceiras ao longo da sua vida. A ideia é encontrar a outra metade da laranja, mas lembre que às vezes é preciso chupar uma saca inteira para descobrir qual é a mais doce. Então... Tome laranja pra dentro, que é pura vitamina C, e Tia quer todo mundo saudável. Beijo e laranjada para todo mundo.

Não aborreça seu pai

Quem foi criada com pai e mãe — ou com figura feminina e masculina — dentro de casa, deve se lembrar bem. Sempre que o homem chegava nervoso em casa, a mulher se encarregava de pedir às crianças que não fizessem barulho nem bagunça. "Não aborreçam seu pai (seu tio, seu avô, seu padrasto...)", dizia a mulher, sempre preocupada com a estabilidade emocional do macho da casa.

Essa cena é tão poderosa na memória de cada um que fica gravada lá no fundo do inconsciente. E ela transmite uma lição: a mulher é a responsável por manter a relação emocionalmente equilibrada.

Se o homem está nervoso, cabe à mulher acalmá-lo. Se é a mulher que está nervosa... Cara, vá se tratar, sua maluca!, é o mínimo que ela escuta.

Quem é a RESPONSÁVEL pela ESTABILIDADE EMOCIONAL da relação?

O homem apronta, chega em casa bêbado, fedendo a cachaça e às vezes com cheiro de sexo, falando alto, tirando a tranquilidade e a paz do lar... O que a mulher deveria fazer? Botá-lo pra fora de casa e avisar que só voltasse quando estivesse sóbrio, calmo e cheiroso. O que ela faz? Acolhe. Atura, cuida e entende que é seu papel zelar por aquela pessoa que está, por ora, indefesa.

Mais tarde, já adultas, acabamos reproduzindo esse padrão. E é por esse motivo que a mulher não pula fora aos primeiros sinais de que a relação está se tornando abusiva. Ela acha natural ter que acalmar o homem. E se sente fracassada quando não consegue.

Binha, vamos combinar uma coisa? A estabilidade emocional da relação é responsabilidade dos dois.

Faça um teste. Chegue um dia bem alterada para se encontrar com ele. Reclame da roupa dele, diga que ele está fedendo, pergunte onde ele esteve, pareça bem paranoica. Se ele se esforçar por acalmar você, já é meio caminho andado. Mas se ele subir na mesa e der um piti maior do que o seu, saia dessa correndo.

Antes mesmo de aprender a dividir as tarefas domésticas, o homem precisa aprender a assumir sua parte na manutenção de um bom clima afetivo e emocional.

Se ele aprender rápido, muito bom. Se for reprovado, caia fora, minha amiga.

"ELE NÃO ME BATE, MAS..."

E aí você adora se gabar: "Meu homem nunca levantou a mão pra mim." Ótimo. É exatamente assim que deve ser. Mas fique atenta: existem outras formas de ser oprimida num relacionamento e talvez você nem se dê conta! Vamos conferir?

- Ele reclama da roupa que você usa? Diz que isso não é roupa de mulher casada, de mulher comprometida?
- Implica com sua sainha, com seu short, com seu decote?
- Questiona suas amizades? Diz que sua amiga ou seu amigo não é boa companhia para mulher comprometida?
- Você acha tudo isso só ciúme fofo?
- Ele desqualifica suas opiniões? Deixa no ar a sugestão de que você não é lá muito inteligente – e que ele, sim, é o cérebro do casal?
- Ele te deixa com a sensação de que você é responsável por tudo de errado que existe na relação?

Deixa eu te contar uma coisa, Bê:

Nem toda agressão é física!

Você pode estar sendo EMOCIONALMENTE espancada.

Ele não bate em você, mas ele te agride!

Você sofre de espancamento emocional e nem percebe. É por isso que você não está tão feliz quanto deveria estar. É por isso que carrega essa angústia e não sabe de onde ela vem. É por isso que você está ficando emocionalmente doente.

Preste atenção!

Agressão vai muito além do tapa, do puxão de cabelo, do empurrão. Agressão emocional também existe – dói e te faz adoecer do mesmo jeito.

Quando ele te desqualifica, quando ele te leva a questionar sua própria humanidade, quando ele te faz desconfiar da sua capacidade – isso quer dizer que ele te agride.

A gente sabe que não é fácil. Às vezes, a mulher nem se dá conta de que está sendo agredida. Mas fica esperta, minha amiga. E saia correndo dessa relação. Ele está fazendo mal a você. E vai fazer pior ainda à medida que o tempo for passando, viu?

A vida pode ser melhor, mais leve e amorosa!

Não se submeta a esse tipo de coisa.

Dica da Tia:

NUNCA *mude por exigência do seu parceiro. Mude porque você quer mudar! Isso se quiser mesmo mudar...*

Ciúme não é prova de amor

Aí você está toda organizada, com a vida toda arrumadinha, e conhece alguém que começa a chamar a sua atenção para um monte de detalhes suspeitos.

- Ele diz que não gosta da cor do seu batom, que está chamativo.
- Comunica que não está feliz com a sua gargalhada alta.
- Chama a sua atenção para seu modo de andar. Segundo ele, você é muito rebolativa.

Se você for uma mulher segura de si, confiante e com a autoestima lá em cima, vai logo dar um chega pra lá no sujeito abusado.

Mas quem de nós é assim, né, Binha? A gente acaba ficando, mas só depois de levar muita coça da vida.

Nessa hora, a mulher segura e confiante sobe no salto e encara o machão.

Esse é o SEU jeito de se maquiar, o SEU jeito de rir, o SEU jeito de andar... Se tudo isso incomoda o seu parceiro, ele certamente bateu na porta errada.

Se você ainda não chegou a esse ponto, não desanime. Nada a impede de chegar lá.

Amiga, não confunda ciúme com interesse.

O ciumento só está interessado em CONTROLAR você!

    Por enquanto, só peço – encarecidamente – que não confunda ciúmes com amor ou interesse. Ciúme é só – e somente só – tentativa de controle. Não permita, jamais, que o sujeitinho ganhe espaço na sua vida com base nesse tipo de opressão.
    Você é muito melhor do que isso, minha amiga.

Dica da Tia:

Muitas mulheres seguem na relação porque acreditam na mudança do parceiro ou por medo. Mas preste atenção! Se o seu companheiro a ameaça, com certeza ele não a ama. Prosseguir nessa relação pode ser um passo para se tornar mais um número das estatísticas de feminicídio. Fique esperta! E caia fora!

E VOCÊ AÍ INVENTANDO DESCULPAS PARA ELE

Pare com isso! Pare agora!
Deixe de ficar inventando desculpas para o comportamento perverso de quem está ao seu lado. Ora, minha filha, se você é a primeira a defender o comportamento dessa pessoa que te trata mal, você está permitindo que ela continue a maltratar você.

Falando em bom português, ela está autorizada a tripudiar de você. E quem autorizou foi você mesma.

Me diz uma coisa, você é algum Walcyr Carrasco, você é alguma Janete Clair para ficar inventando história toda hora? Então, por que está aí dizendo "Ah, ontem ele me destratou na frente de todo mundo, mas é porque ele teve um dia péssimo no trabalho...", ou "Ah, ela sumiu uma semana inteira porque discutiu com a mãe e resolveu passar uns tempos fora da cidade", ou "Ah, ele está me traindo porque se sente inseguro e essa é a maneira que ele encontra para se sentir mais homem".

Ah, minha filha. Olha só. Se ele te traiu, se não te dá importância, se te trata mal, é porque não merece o seu amor. E ponto. Ah, ele está desorientado do juízo? Pois que vá se tratar. Na volta, se você ainda estiver a fim, vocês conversam.

Essa pessoa só está tratando você assim porque percebeu que é possível fazer esse jogo, em que ela cria a situação e você desenvolve a história!

Eu sei que é difícil cair na real, assumir que esse traste não serve para você e enfrentar um processo longo e doloroso de separação. Mas, acredite: lá no fim você vai sair dessa história uma mulher mais forte e mais pronta para ser verdadeiramente amada.

Não crie um conteúdo só para amenizar a dor que outra pessoa provoca em você.

Bote ordem nessa bagunça. Diga: "Epa, tá na hora de mudar!"

Está difícil? Pois comece, pelo menos, a considerar o assunto. Seu raciocínio é livre. Ninguém vai ler seus pensamentos.

Quem ama luta? Luta pelo quê?

Aí, você se relaciona com alguém que tira a sua sanidade, que te deixa o tempo todo naquela ansiedade, naquela angústia. É tudo tão confuso que você não sabe nem definir que zorra é essa.

A única coisa que você sabe é que não está bom. Você não está feliz. Você vive com medo de que alguma coisa dê errado — e as coisas dão errado o tempo todo, não importa o que você faça...

Acorde, amiga! Relações ruins não melhoram.

E o que você faz, em vez de cair fora? Acredita nas besteiras que contaram pra você, do tipo:

- Quem ama luta.
- Boa relação é a que passa por cima dos percalços.
- Não existe relação perfeita, tem que batalhar para melhorar a cada dia.

Ô, amiga, isso só existe na novela das oito. Relações ruins não melhoram. É claro que não existe relação perfeita, mas precisa haver uma base de confiança e amizade para que as dificuldades naturais sejam superadas.

Em relações abusivas essa base não existe. O outro lado não tem nenhum compromisso com a melhoria da relação. Então me diz por que diabos você é a única responsável pela estabilidade e pela felicidade dos dois? O que esse estrupício tem feito para a sua felicidade? Seja honesta, minha amiga. Você está investindo sozinha nesse negócio.

Você vive angustiada, amedrontada, com um aperto no meio do peito. Isso lá é felicidade? Aos poucos, você vai naturalizando os comportamentos equivocados desse sujeito.

Vou dizer uma coisa dura. Se o seu parceiro está te tratando mal e, depois de uma briga, encontra você toda amorosa, é porque tem algo errado, e essa coisa errada é com você. Isso se chama relação sadomasoquista consensual. É isso que você quer para a sua vida? Se for, faça ótimo proveito. Mas, se não for, saia fora agora.

Cá entre nós, sou mais você na fila do pão, Binha! Você não merece viver uma relação que te adoece. Vá ser feliz, que a vida está lhe chamando logo ali na esquina!

Dependência emocional é uma doença

Não tenha vergonha de procurar ajuda de um especialista para se livrar de uma relação abusiva. Seja uma delegacia de atendimento à mulher, seja uma ONG especializada em violência contra a mulher, seja um terapeuta ou psicólogo que ajude você a se livrar dessa dependência emocional.

É preciso perder a vergonha de pedir ajuda. Digo isso porque, às vezes, me impressiona a quantidade de meninas e homens que me escrevem falando que já pensaram em suicídio por estarem no limite das suas forças – ou que já pensaram em tirar a vida de seus companheiros.

Dependência emocional é uma doença.

Não tenha vergonha de buscar tratamento.

Quem está dentro de uma relação abusiva e não consegue sair – por dependência emocional – é muito parecido com quem tem alguma dependência química. São pessoas que não conseguem se livrar daquilo que as adoece e mata. E, em muitos casos, ainda acreditam que aquilo faz bem a elas.

Minha amiga, tem um jeito de saber se isso faz bem ou mal a você. Me diga: essa relação deixa você feliz e realizada? Pronto. Já tem a resposta.

Chega uma hora que a ajuda dos amigos e dos familiares – embora fundamental – já não dá conta de resolver a situação. Aí, é hora de buscar ajuda especializada, viu?

E não vale dizer que não tem dinheiro pra isso. Tem um monte de profissional que faz atendimento psicológico gratuito ou a preços populares.

Tia te ama!

Procure ajuda.

Mas eu ainda gosto dele

Isso é de lascar. A pessoa só demonstra desprezo por você, te trata mal, te bota para baixo o tempo todo.

Aí, quando você tenta sair, ela "cai em si". Chora, promete mudar, diz que te ama, faz climinha romântico como no começo do namoro, diz que você precisa ajudá-la a ser uma pessoa melhor, fala coisas tão lindas que te convence.

Você se empolga e aceita o traste de volta, pois quer dar mais uma chance para o amor.

Me diz uma coisa: quantas vezes você já viu essa cena? Quanto tempo dura esse arrependimento? Você sabe melhor do que eu, Binha, que esse sujeito opressor está é te manipulando emocionalmente.

Aí, vem você e choraminga: ah, mas eu amo ele... amo ela... Vem cá, você acha normal amar quem te maltrata?

Saia dessa, pelo amor de Deus, de Javé, de Oxalá, de Krishna, de Buda, de Alá!

Tia Má também é cultura
O que é Síndrome de Estocolmo

Síndrome de Estocolmo é o nome dado a um tipo de estado psicológico em que a vítima de violência acredita amar seu agressor. É muito comum em relacionamentos em que uma das partes sofre violências constantes por parte da outra e, mesmo tendo condições financeiras para se separar, permanece na relação.

A origem do termo está em um episódio ocorrido em 1973, em Estocolmo, na Suécia. Ali, um grupo de assaltantes atacou o Banco de Crédito e manteve um grupo de reféns sob condições de terror durante seis dias.

Para surpresa das autoridades, quando libertadas, as vítimas se mostravam relutantes em acusar seus algozes — e algumas os defendiam abertamente.

No ano seguinte, outro caso estarreceu o mundo. Patricia Campbell Hearst, neta do magnata norte-americano das comunicações William Randolph Hearst, foi sequestrada por um grupo extremista e mantida em cativeiro. Depois de ser libertada, não apenas se recusou a colaborar com as autoridades, como fugiu de casa e se juntou a seus algozes, passando a participar de assaltos a banco para ajudar a financiar a causa.

A HORA DE DAR "TCHAU"

Você tem medo de ficar sozinha?

Tem mais medo de ficar sozinha do que de estar em uma relação tóxica, nociva, abusiva?

Pois eu vou lhe contar uma coisa: é esse pânico da solidão que leva a maior parte das Binhas a entrar em relações abusivas.

Você, certamente, já ouviu a máxima "Antes só do que mal acompanhada". Só não a levou a sério. Pois a Tia Má está aqui para ajudá-la a repetir esse mantra de sabedoria todo dia pela manhã.

Vamos começar?

O pavor do encalhe

Aí, você fica se relacionando com essa besteirinha, com esse sujeitinho que não vale nada, mas está em cima do muro, sem saber se termina ou dá mais uma chance. Teima nessa relação que não tem futuro só porque tem medo de entrar para as estatísticas da solidão.

Na sua cabeça, mulher sozinha é motivo de chacota. É aquela que ninguém quis, a encalhada. Mas eu vou te contar uma coisa, Binha. É melhor ficar só do que estar com uma *mizera* dessas, que só te traz desgosto, só te coloca pra baixo.

Às vezes, você nem se dá conta de que está dentro de uma relação tóxica. Acha tão apavorante ficar sem um homem que se recusa a enxergar a realidade. Prefere continuar ao lado de quem não lhe faz algum bem.

Você não acha que está na hora de começar a pensar melhor nesse assunto? Você precisa mesmo de alguém que legitime a sua existência?

Já perguntei antes, mas vou voltar a perguntar: por acaso você é raciada com pombo para gostar tanto de migalha? Pois perca o medo de ficar sozinha! Tenha orgulho de ser quem você é – sem precisar posar ao lado de um ser humano ordinário para se sentir mais importante.

Sozinhice não é a mesma coisa que solidão. Quer dizer que você está bem consigo mesma.

Existem muitas coisas que só uma mulher sozinha pode fazer. Há um lado da *sozinhice* — uma coisa completamente diferente da solidão — que precisa ser mais conhecido e valorizado. Pare e pense melhor na vida, Bê. Se tem uma coisa realmente terrível é estar atada a uma relação que deprecia você, que te bota pra baixo, que em vez de ajudar você a progredir, só te puxa para trás.

Tome tenência, criatura! Aprenda a gostar da própria companhia. Perca o medo de viver sem alguém ao lado.

Só quando você se sentir linda e plena por si só é que vai encontrar alguém que realmente a valorize e que seja merecedor da sua companhia.

Dica da Tia:

Se você já percebeu que a relação acabou, tenha coragem de pôr um fim. Saber a hora de sair é também um ato de coragem.

Você pode ser feliz sem uma figura macha a seu lado

Eu fico angustiada quando vejo a sua pessoa, tão bacana, tão organizada, chorando e dizendo: "Eu não consigo viver sem ele."

Quando você diz isso, só pode estar falando de duas coisas: ou do seu dinheiro, ou do ar que respira.

A primeira é a mais pura verdade: você não consegue viver sem dinheiro. Também não consigo viver sem o meu, porque vivemos em um mundo capitalista e dinheiro assegura nossa existência. Mesmo pouco, ter o nosso é libertador!

E depois vem o oxigênio, esse danado que garante a vida. E encher o peito de ar é revigorante!

Agora... se você está se referindo a uma pessoa de carne e osso, com todos os seus defeitos e imperfeições, e diz que não consegue viver sem ela, eu começo a ficar espantada, com os olhos arregalados, achando que você está sentindo falta é do seu cérebro.

Por que você não CONSEGUE ver o VALOR de tudo o que já CONQUISTOU na vida?

Criatura de Deus, pare de dar poder a quem não tem. Como é que você me diz que uma pessoa que surgiu na sua vida há tão pouco tempo é a coisa sem a qual você não pode viver?

Já parou para pensar no absurdo disso? Até encontrar esse ser celestial você não vivia, não respirava, não tinha seus momentos de felicidade? Pense bem. Sua vida não era bem razoável? O que esse sujeito tem de tão especial para fazer você imaginar que tudo o que conquistou até hoje não tem valor?

A primeira ideia que me ocorre é que você ainda não percebeu que é uma pessoa vitoriosa, cheia de conquistas. Vamos começar por partes. Pegue um papel e escreva ali tudo o que já conquistou na vida, desde o seu diploma de alfabetização até os dias de hoje. Não deixe nada de fora. Nem quando você aprendeu a fazer um delineado perfeito. Nem seus truques de cozinha. Nem seus diplomas acadêmicos. Nem o dia em que você conseguiu fazer aquele passo de dança dificílimo. Nem sua habilitação técnica. Nem o dia em que você aprendeu a modular sua voz. Nem a primeira roupa que você costurou. Nem a primeira meta que você bateu. Nem a primeira vez que você teve orgasmos múltiplos so-zi-nha!

Enfim, cada uma de nós tem sua lista particular de vitórias pessoais. E ela é farta. Somos todas vitoriosas em várias áreas.

Então, por que diabos você vem agora me dizer que não pode viver sem um sujeitinho que você conheceu há tão pouco tempo?

Por acaso o nome dele é dinheiro? É oxigênio?

Se for oxigênio, água, comida ou dinheiro, você realmente não consegue viver sem eles. Agora, se não for nada disso...

Pelo amor de Javé, pela luz de Krishna, pelo rebolado de Anitta, pelas pernas de Ivette, pelas tranças de Zezé Mota, pela voz de Elza Soares! Acorde, criatura! Se oriente!

Nunca mais implore para ninguém ficar com você.

Dica da Tia:

Não se submeta a nenhuma humilhação para continuar na relação. É preciso aceitar que a outra pessoa tem o direito de terminar. E é preciso saber a hora de partir.

A hora de dar um pé na bunda

Agora vamos falar sobre os fins dos relacionamentos?

Ô, Bê, eu sei como é difícil dizer adeus. É um horror. Às vezes, a gente sofre mais para tomar a iniciativa de pôr fim à relação do que se tivesse tomado um pé na bunda.

Tia sabe que é complicado se separar de uma pessoa que faz parte da sua vida. A melhor maneira de fazer isso é com simplicidade, dando prioridade ao seu amor-próprio e à consciência de que você é uma pessoa cheia de inteligência e gostosura.

Tia ama todo mundo, e ama mais ainda quem manda para a casa da *ingracia* essas *mizeras* que ficam atrapalhando o desenvolvimento da raça humana.

Se você achar que pode estar em risco...

Existem vários graus de toxidade nos relacionamentos. Em situações mais graves, a mulher já foi agredida fisicamente, ou está prestes a sê-lo.

Antes de mandar o cachorro escroto e abusivo pastar no seco, me diga com sinceridade.

( ) Ele já te agrediu fisicamente?

( ) Mesmo que não tenha partido para a agressão física, ele já usou de violência verbal ou emocional a ponto de desestabilizar você?

( ) Caso vocês morem na mesma casa, existe o risco de ele se recusar a sair?

( ) Existe risco real de ele se apropriar de alguém (como filhos) ou de coisas preciosas para você (como seu meio de transporte, por exemplo)?

É PRECISO SE PREPARAR BEM ANTES DE MANDAR A CRIATURA PARA AQUELE LUGAR.

Caso a resposta a qualquer dessas perguntas seja positiva, você precisa se preparar emocionalmente, judicialmente e até buscar algum lugar seguro para ficar ao decretar o fim da relação. Por isso, certifique-se de que você tem:

a) Alguém que a ampare e possa mediar qualquer conversa que possa existir entre vocês. Tem que ser alguém em que você confie muito, como seus pais, um irmão ou irmã, um parente ou uma amiga/um amigo do peito.

b) Um lugar para ir depois da ruptura (caso vocês estejam morando juntos).

c) Alguém que tenha a clareza de quando será necessário acionar as instituições — como advogados, a defensoria pública, delegacia da mulher etc. — e que se disponha a acompanhar você a esses lugares.

Esses itens fazem toda a diferença. Abusadores costumam ser covardes. Eles crescem diante da sua fragilidade, mas botam o galho dentro quando percebem que você está protegida.

Tia deseja toda a sorte do mundo para você.

Já estou sozinha há tempo demais

Ninguém fica sozinha para sempre, mas é natural que a gente demore a encontrar uma pessoa que seja realmente bacana. Aí, as Binhas ficam tristinhas, achando que estão encalhadas, dando mole na pista, na maior seca, há séculos sem dar beijo na boca e sem dormir de conchinha...

Mas não é para ficar triste. É natural. Você é um ser humano, e ser humano faz parte da natureza. A natureza tem seus ciclos, e você também. Não é porque está há tempos sem um amor delicinha que o problema é seu. Os períodos de seca fazem parte da vida.

Esses momentos são bons para refletir. E compreender o que levou você a topar investir em relações insatisfatórias, aturando desaforo de quem não merece estar com você, levando a carga emocional inteira sobre os ombros...

As apressadas fazem BOBAGEM.

E acabam voltando para os bofes e bofas ERRADOS.

E não pode ficar desse jeito não, viu? Nada de ficar toda abafada – porque quando a gente fica assim acaba aceitando qualquer coisinha. E aí, faz besteira de novo.

É importante se olhar no espelho, ver a pessoa bacana, organizada e especial que você é, e prometer só voltar a se envolver se for com alguém que realmente mereça estar ao seu lado.

E é bom lembrar que, às vezes, a pessoa que você idealiza como o par perfeito pode não ser quem vai te fazer feliz.

Sob nova direção

Finalmente, você conseguiu se livrar do traste, do desinfeliz que só atrasava a sua vida, do canalha, do ser abusivo que te tratava mal, do cretino que fazia você de assistente.

Está aí se recuperando, resgatando sua autoestima, se orientando, se organizando melhor. Aí, sai para encontrar uma amiga, e o que acontece? Dá de cara com o falecido sob nova direção, desfilando pela rua, de mãozinha dada com a mais recente pobre coitada que caiu no golpe do sapo disfarçado de príncipe.

O sangue sobe todo para o rosto. Morre de vergonha por estar sozinha, embora não tenha nenhum motivo para isso.

Pois eu vou lhe dizer uma coisa, Binha: não entre nessa vibe de se sentir pra baixo, não. Pelo contrário, perceba a vitória que alcançou: você já se livrou desse encosto. Esse problema não te pertence mais. Você vai sentir imediatamente um sorriso aflorar no seu rosto, um alívio aparecer no fundo da alma. E, se possível, alerte outras manas para que elas não sejam as próximas vítimas. É importante que exista uma rede de solidariedade e alerta entre as mulheres. Não é porque um cara errou com uma mulher que vai errar com todas, mas é importante prestar atenção no "modus operandi afetivo" de quem passou por sua vida!

Xingar mentalmente o desinfeliz também costuma ajudar nessas horas. Capriche.

Peste, ingracia, cabrunco, satanás, capeta, falecido, defunto, machiscroto, canalha, safado, inútil, desgraçado, sacolé de chorume, saco de bosta, arrombado, cara de cu com câimbra, abantesma, assombração, espurco, ridículo, ordinário, vil, sujeitinho reles, lheguelhé, zé ruela, obnóxio...

Vou até deixar três linhas aqui para você acrescentar alguns xingamentos à lista:

_____

_____

_____

Isso. Assim. Relaxou? Olhe... depois dessa, até eu relaxei.

Tia ama vocês e não quer ver ninguém lamentando a perda de um cretino que não servia para quase nada. Veja que a Tia disse "quase". A gente sabe que alguma coisa o pessoal sabia fazer direitinho, nem que fosse jogar uma partida de buraco no domingão.

Mas eu quero ver todo mundo direitinho e organizado.

Não deixe que a simples visão do ex acompanhado tire o seu prumo. Você tem um lindo caminho pela frente. E é ao lado de uma pessoa que respeite e reconheça o seu valor.

Acabou, mas nem me ligou mais

Enfim, você conseguiu. Saiu do relacionamento que tanto mal lhe fazia.

Mas, um tempo depois, começa a se perguntar: por que a criatura não me liga mais nem para saber se estou viva? Será que não sente nem um pingo de saudades?

Tia sabe que a saudade bate. Mas Tia também sabe que, às vezes, a distância é sua amiga.

Não se avexe, não. A falta de notícias do defunto pode ser uma ótima dica para você olhar para a frente e buscar um futuro lindo – onde você brilhe e seja tratada como merece!

Essa necessidade de receber a ligação, de voltar a falar, faz parte do processo de finalização. A ferida, quando está sendo curada, ainda dói.

MAS TAMBÉM CHEGA A HORA DE COMEÇAR DE NOVO!

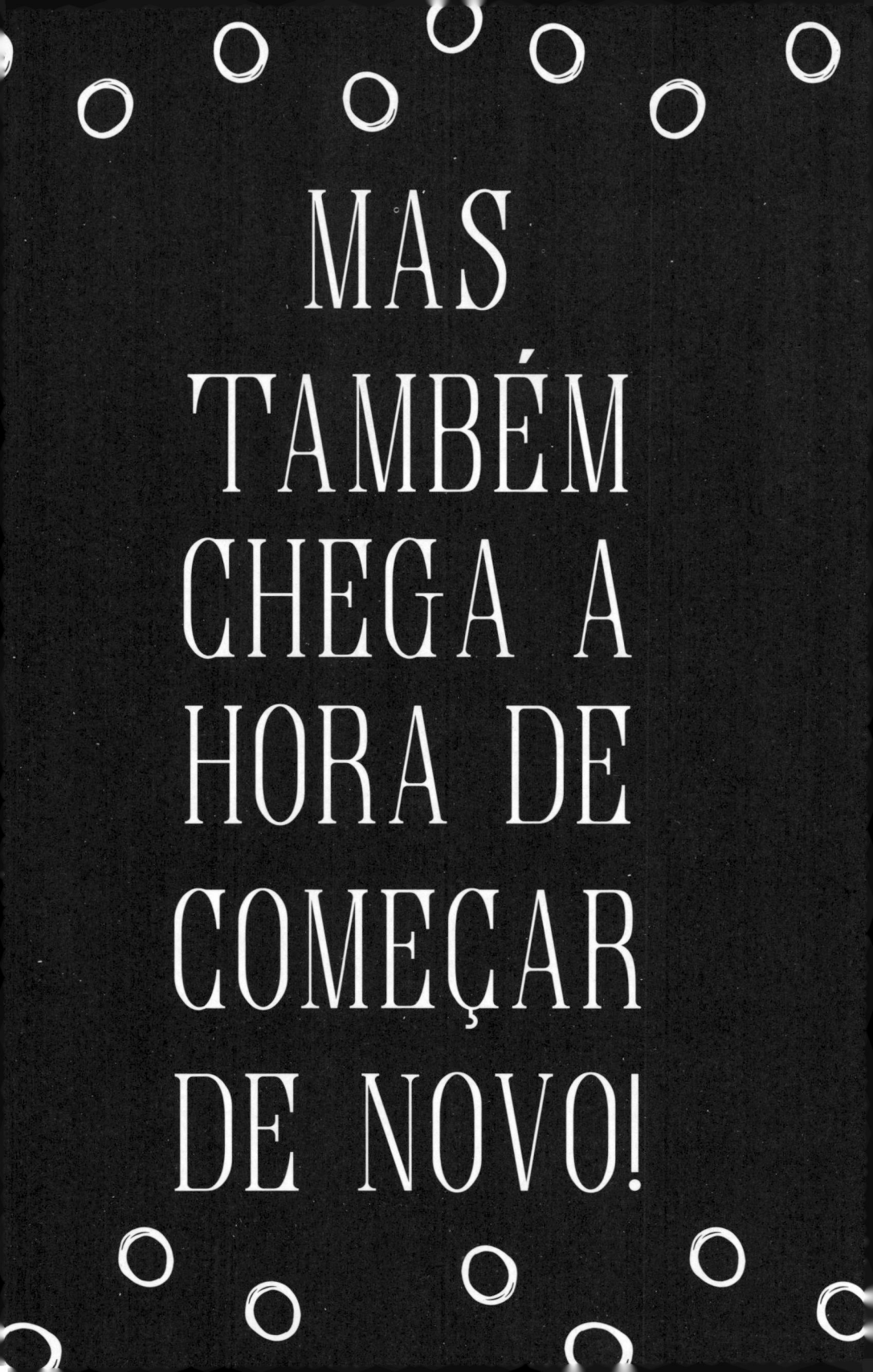

Ninguém fica sozinha para sempre. Mais dia, menos dia, aparece alguma pessoa com quem dá vontade de dividir um chope, uma pizza, um churrasco, um acarajé, uma pipoca, um lençol ou tudo isso junto e misturado.

É um charminho para cá, uma mensagem esperta no zap para lá, um gif (bem) animado para cá, um match para lá, uma piscada de olho cheia de rímel para cá...

Mas, com a novidade, também chegam as inseguranças. Chego junto ou fico na minha? Como transformar a ficação em namoro? Dou no primeiro encontro?

Pare de botar minhoca na cabeça, Binha!

Tia vai catar uma por uma e estalar na unha. Mulher feliz é mulher livre.

Vem comigo.

Iniciativa é poder

Aí, a princesa conhece um cara cheio de qualidades, todo charme e elegância – pelo menos na opinião dela. Fica doidinha para começar uma história com o bonitão.

E faz o quê? Passa horas a fio pensando em como se aproximar, como fazer com que ele a note, mil truques e estratégias.

Só não te passa pela cabeça o mais claro, simples e óbvio. Chegar no rapaz e dizer que está interessada nele.

Tomar a iniciativa na hora de buscar um relacionamento é um atestado de maturidade e de que a mulher reconhece o poder que possui. No entanto, ainda não é uma atitude natural para a maioria de nós – o que quer dizer que precisa ser aprendida.

Afinal, fomos educadas para esperar pacientemente pelo príncipe encantado, não é mesmo? Minha avó costumava dizer: "O homem corre atrás da mulher até que ela o agarre."

Na pior das hipóteses, você vai ECONOMIZAR SEU TEMPO.

Acontece que, hoje, ninguém corre mais atrás de ninguém. Então, para sair dessa solidão que a consome, é bom começar a tomar a iniciativa.

A primeira coisa que você precisa ter em mente é que nem sempre funciona. Se consola saber, também não funcionaria se você ficasse quieta no seu canto. Então, na pior das hipóteses, você economizou seu tempo.

Caso não funcione, duas coisas podem acontecer. Uma é o cara ficar realmente admirado com sua atitude. Mesmo que não vire namoro, pode render uma amizade bacana. A outra é ele se revelar, de cara, um babaca. Aí, é sorte por você ter se livrado da encrenca antes mesmo que ela começasse.

Bom é saber logo a realidade

A mesma coisa acontece quando você já está ficando com o boy magia, mas quer que a coisa vire namoro.

Outro dia mesmo, um rapaz me fez essa consulta. Queria saber se eu tinha algum truque infalível para conquistar o galã da novela das oito com quem ele andava trocando uns amassos.

Os homens que não me QUEREM não me INTERESSAM.

O problema é que o bonitão vinha, ficava com ele e depois voltava para sua vida, sem criar um vínculo.

Ora, Binho, se pegou e foi delícia, não precisa ficar esperando que ele dê o próximo passo. Vá lá! Diga: "Olha, tchuco, fiquei querendo mais." Aí, só tem duas possibilidades. Ele pode abrir um sorrisão e dizer "Também estou querendo". Ou "Não quero mais".

A segunda alternativa é bem chata. Mas isso é da vida. Pelo menos, você tira o tchuco da cabeça, não é mesmo? É bom a gente saber logo a realidade. O que não pode é você ficar feito uma donzela na janela esperando que o bonito se lembre de você e venha trazer flores — quando ele não está nem pensando no assunto.

Essa coisa de crush e de devaneio não faz bem à gente, não, viu, minha amiga? Aliás, eu detesto essa história de idealizar. Acho que amor platônico só causa ansiedade. Saber se a outra pessoa também tem interesse facilita a vida. E se a resposta for não, você já tem mais tempo para a superação.

Pode dar no primeiro encontro? Parte I

Vivo escutando essa pergunta, que me irrita por alguns motivos.

Em primeiro lugar, você não está "dando" nada. A pepeca — ou o toba — é sua e assim vai continuar sendo.

A ideia de que a mulher dá alguma coisa está ligada ao tempo em que se dizia que a moça entregou sua honra ao rapaz. Por isso, o sexo a tornava desonrada. Em muitas famílias, essa noção ainda permanece. A virgindade é considerada um lacre de pureza, que garante que o corpo da mulher não foi *possuído* por um homem.

Observe bem, Bê, como todos os verbos se referem a posse: a mulher *dá*, ela se *entrega*, ela é *possuída*, ela se *oferece*. Desde muito cedo, nós aprendemos que a pepeca é uma coisa – e não parte do corpo da mulher.

Por isso, é tão comum que se diga – ou que a mulher pense: "Assim que ela der, ele vai embora." Como se o sujeito fosse levar a pepeca dela no bolso. Ou sua honra... Então, ele não vai mais respeitá-la, já que só queria aquilo mesmo.

É muito comum que homens (e mulheres também, viu?) façam sexo com uma pessoa e depois não voltem a telefonar. Os motivos variam. Os mais comuns são:

- Não gostou do sexo – e não pretende repetir a experiência.
- Não gostou do sexo. Talvez tente repetir a experiência num dia de seca.
- Gostou do sexo, mas não quer se envolver.
- Gostou do sexo, quer se envolver, mas prefere ir com calma.
- Gostou do sexo e quer se envolver, mas não com você.

Pode ser qualquer das possibilidades acima. E só tem um jeito de você saber a verdade: vivenciando o momento e perguntando para o cara.

Então, qual o problema de chegar e perguntar?

Sim, existe a possibilidade de o sujeito achar que a mulher que faz sexo não é ideal para manter uma relação mais séria. Mas, nesse caso, se ele pensar assim, você está é se livrando de um problema, de um pessoal com a mente atrasada, reacionária e que não entende de verdade que mulher também tem desejo. Então, se ele não respeita o seu tesão, agradeça aos céus pelo deus que o fez desaparecer!

Pode dar no primeiro encontro? Parte II

Binha, Tia vai te contar qual é a hora certíssima para dar.
Pense bem.
Adivinhou?
Exatamente! A hora certa é quando o seu corpo pedir, quando você estiver cheia de tesão. Esse é um critério que jamais tem erro.

E não é só para o primeiro encontro, não. É para todos. Regra geral, não dá para transar sem tesão. Pepeca seca fica ardida depois. Não é gostoso. E também não adianta vir com cuspe... Pode até machucar menos, mas não vai ser bom.

E sexo tem que ser muito delicinha.

Para que isso aconteça, os dois têm que estar em ritmos parecidos. Se ele adora sexo selvagem e você é da turma do sexo tântrico, vai ser difícil essa história dar certo.

Dica da Tia:

Não tenha vergonha de falar e mostrar como gosta do sexo — e também deixe o parceiro à vontade para dizer como sente mais prazer.

A delicinha tem que ser recíproca.

Se for bom apenas pra ele, tá tudo errado, né, Bê?

Descobrindo o verdadeiro amor...
O amor-próprio

"É impossível ser feliz sozinho", cantou o poeta Vinicius de Moraes. Mas, para além de ser infeliz por não ter outra pessoa ao lado, é muito mais triste não conseguir se amar. Por conta de todo o processo opressor, muitas de nós desenvolvemos o hábito de nos odiarmos. Temos vergonha dos nossos corpos, achamos que seremos incapazes de ser vistas como pessoas completas por não termos um parceiro ou parceira ao lado. Mas você já analisou a pessoa fantástica que você é? Eu tenho certeza de que você possui milhares de características positivas. Mas também sei que, ao longo da vida, você foi se esquecendo delas.

Por que será que isso acontece?

Primeiro porque nos ensinaram a ter vergonha de receber elogios. Pior ainda: nos ensinaram que se autoelogiar é uma coisa muito feia. Sem conseguir afirmar nossa individualidade, a gente vai se moldando a partir da existência do outro. Quem não é educada para reconhecer as próprias qualidades cresce querendo atender expectativas e fazer bonito de acordo com os padrões dos outros.

Mas, no quesito amor, o padrão é não ter padrão, é você ter a capacidade de reconhecer seus inúmeros talentos. Ter ciência de que a outra pessoa não te completa, pois você já é INTEIRA. Olhe para você com mais afeto e carinho. Lembre-se do quanto você é especial. Liste as suas qualidades e não tenha vergonha de exigir o melhor sempre.

Faça uma lista com todas as suas qualidades e veja o quanto você merece ser BEM AMADA. Precisa de ajuda? Pois vou deixar um espaço aqui especialmente destinado para você descrever como é bacana, competente e maravilhosa.

Minhas qualidades:

_____
_____
_____
_____
_____
_____
_____
_____
_____
_____
_____
_____
_____
_____
_____
_____
_____
_____

O fim pode ser um recomeço

Decidir pelo fim costuma ser doloroso. Na maioria das vezes, nos prendemos aos melhores momentos. Ficamos com medo de não encontrar mais ninguém e, por isso, muitas vezes a decisão que parece mais acertada é continuar numa relação falida.

Mas pense bem: você está feliz de verdade?

Se algo te causa incômodo deve ser retirado! Se é assim com pedra nos rins, com dente cariado, com hemorroida, com verruga, por que não com uma relação falida?

É lógico que no início do fim vai doer muito. Mas, em seguida, vem a sensação de alívio! É preciso romper com o ciclo da dependência emocional, mas o primeiro passo é assumir que ela existe. Procure ajuda profissional (fazer terapia ajuda muito) e tente entender que não é preciso seguir nesse relacionamento que te causa dor!

Assuma o controle

E, depois de falar de tantos comportamentos escrotos e perversos, a minha proposta não é que você perca as esperanças de encontrar alguém (ou algumas pessoas) para manter um relacionamento harmonioso e tranquilo.

Nada disso! A proposta deste livro é levar você a identificar um relacionamento ordinário aos primeiros sinais.

Quero ajudar você a não fazer da dor uma rotina na sua vida sentimental. A ideia é compartilhar histórias para que juntas possamos aprender.

Socializar informações nos ajuda a evitar que outras mulheres vivenciem momentos tenebrosos. Nada de julgamentos ou de dedos apontados. Precisamos ter coragem de assumir que podemos romper com o ciclo cruel da dependência afetiva.

Que nenhuma de nós duvide que merecemos O MELHOR AMOR DO MUNDO!

Tia te ama, viu?

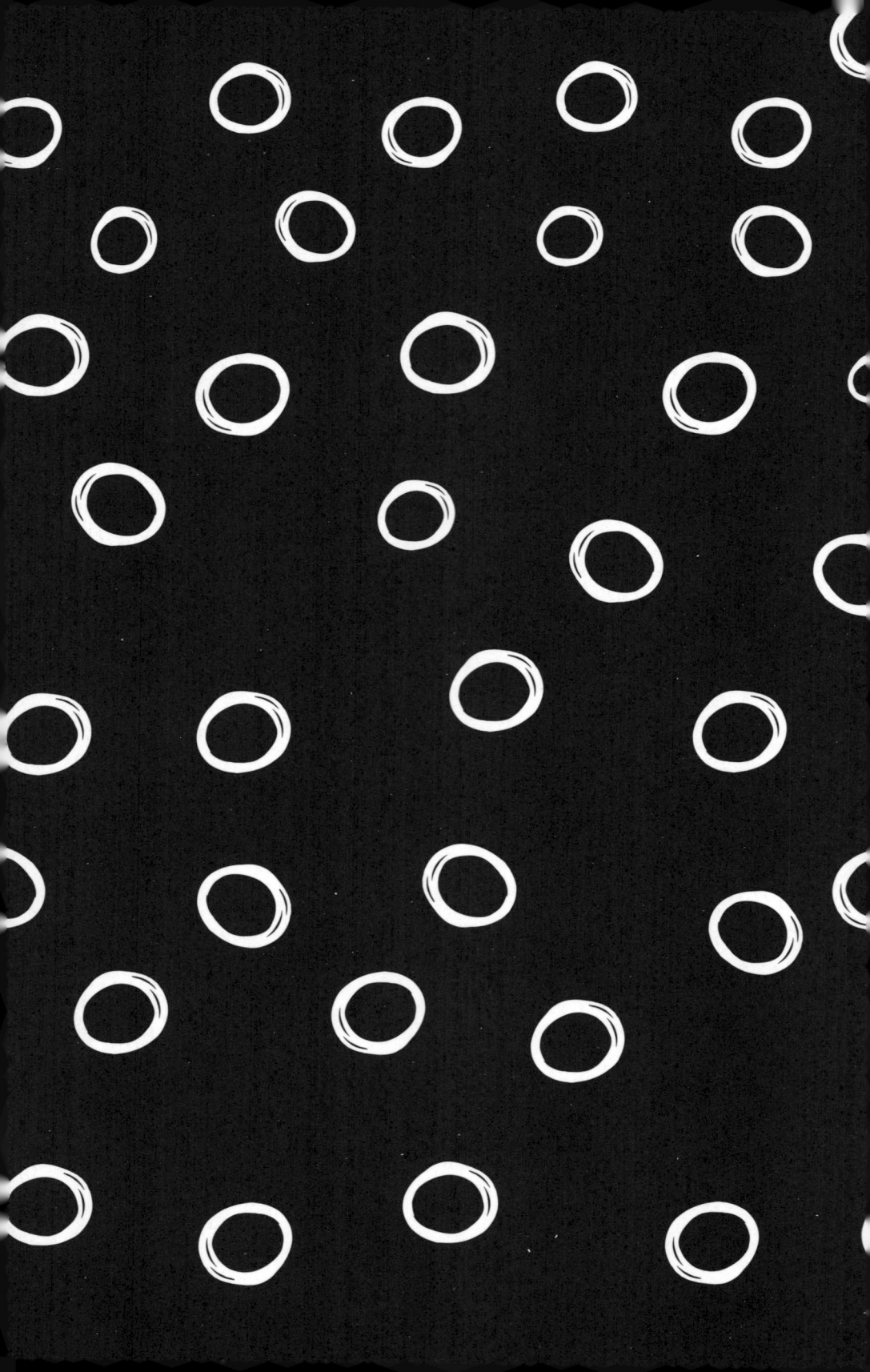

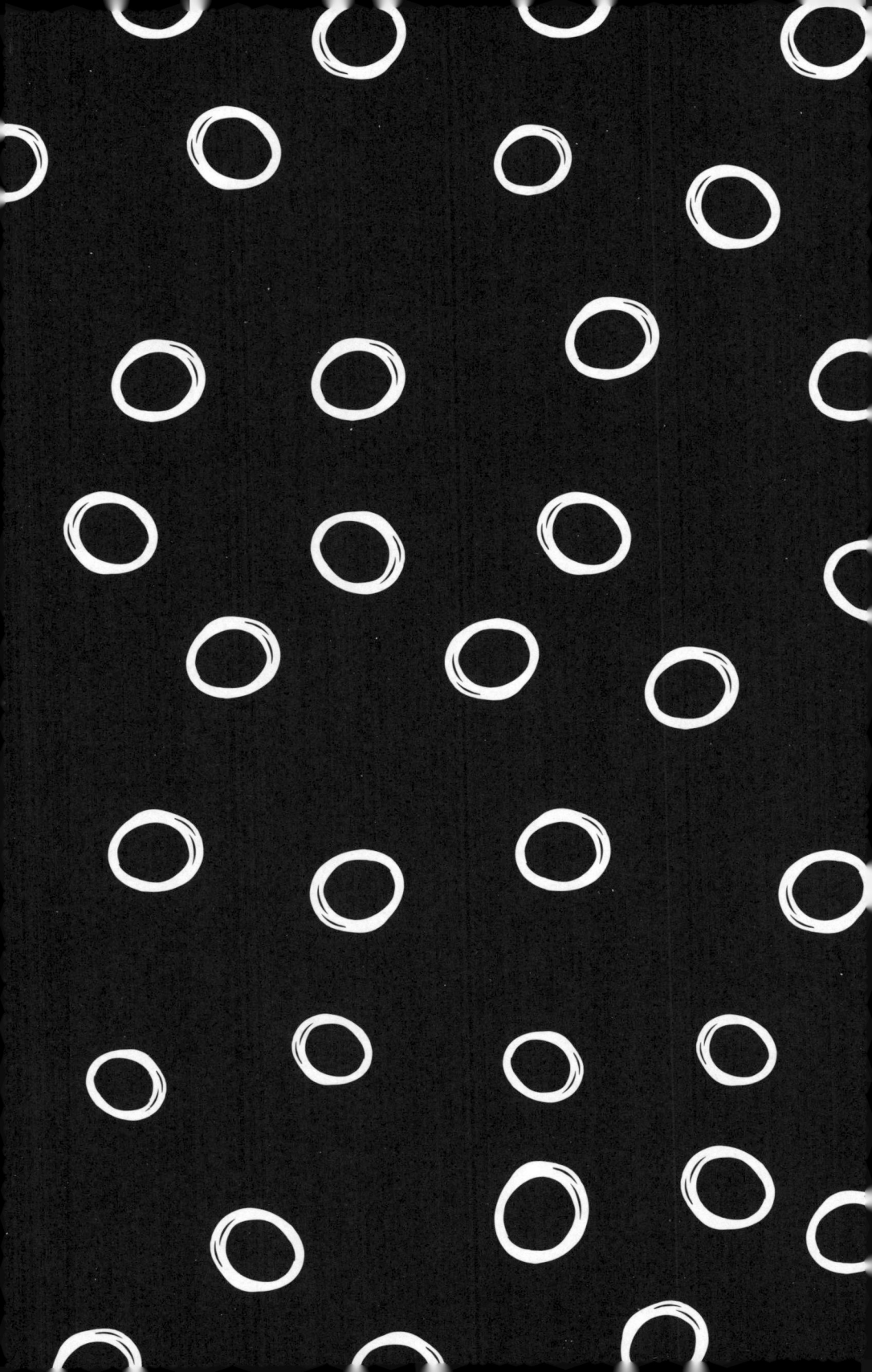

Direção editorial
Daniele Cajueiro

Editora responsável
Janaina Senna

Produção editorial
Adriana Torres
Nina Soares

Preparação de originais
Rosa Amanda Strausz

Revisão
Rachel Rimas

projeto gráfico e diagramação
Larissa Fernandez Carvalho

Este livro foi impresso em 2020
para a Agir.